はじめに　―国語の授業は難しい―

　ある日の授業。私は子どもたちと物語「ごんぎつね」を学習していた。取り上げたのは、第６場面。

「栗やまつたけをもっていったごんは、兵十に撃たれてどんな気持ちだったのだろう」

　このとき、私は、子どもたちからは、ごんのつぐないの気持ちが兵十に伝わって、

「ごんはきっとうれしかった」

「分かってもらえてよかった」

という考えがきっと出てくるだろうと思い、問いかけた。

　ところが、私の予想に反して、子どもたちの反応は薄かった。ゆっくりと数名の子どもが手を挙げる。その子どもたちを指名し、意見を求める。「悲しい気持ち」「兵十に撃たれて悔しい気持ち」と、私の予想とは全く方向性の異なる意見が出された。

「あぁ、まずい。これでは私の授業計画どおりではなくなってしまう」と、慌てた私は続けて、次のように発問した。

「ごんが、栗やまつたけを兵十に持って行ったのはどうしてだったかな」

子どもたちの動きは完全に止まり、重たい雰囲気だけが教室いっぱいに広がっていく。それに比例するように、子どもたちに対する強い罪悪感が私の胸いっぱいに広がっていった。

二十年近く前、私が初任者だった時の授業です。このとき、私は、身をもって実感しました。

国語の授業は難しい

今、この授業をふり返ると、私の発問には多くの問題点がありました。

まずは、子どもたちに「どんな気持ち」と人物の気持ちだけを問うたことです。だから、勇気をもって手を挙げてくれた数名の子どもたちの答えは「○○な気持ち」と表現されているのです。「どんな気持ち」と問うたから、子どもたちが「○○な気持ち」と答えるのも当然です。子どもは悪くありません。

また、気持ちだけを問うたことで、根拠もないまま、子どもたちのイメージや感覚に頼る答えを教師自らが誘導してしまっています。教師が思い描く方向性と異なる考えが出されるのも当然です。

そして、教えたい思いが強すぎるあまり、焦って子どもたちより先に「どうして」と理由を教師が問うたことです。子どもから出されたものでは決してありません。さらにはこのように問われたことで、子どもたちがどう答えるのか、どこで困るのか、迷うのかまで想定できていなかったことも問題です。教師の教えたいことに、無理に子どもたちを引き入れようとしています。

もちろん他にも問題点はあるでしょう。

なにより、これらの問題点の原因となっているのは、**教材研究のあり方**です。

もし今、二十数年前の私に、今の私がアドバイスできるとしたら、きっとこう言うでしょう。

「教えたいことは子どもたちの中にある。子どもたちの中から『引き出す』ように仕組まないと」

今の私だったら、「ごんぎつね」では次のような問いを子どもたちと一緒に考えたいと思います。

「兵十は、ごんのことを誰かに話したのでしょうか?」

本書で提案したのは、「発問」に対する小さな改革です。国語の授業は難しいと実感し、悩んできた私自身が、試行錯誤しながらも授業を通して気づいてきた発問のあり方についてまとめたものです。本書の第Ⅱ章では、実際の授業実践を通して、私の考える発問を紹介しています。

この本を読んでくださっているみなさんの中には、かつての私と同じように、国語の授業は難しいと思っている方がいらっしゃるかもしれません。だからこそ、この本が国語の授業を通して子どもたちと向き合うきっかけに、そして、多忙な先生方の、日々の授業準備のお手伝いができる一冊になれば、これほどうれしいことはありません。

令和三年一月

筑波大学附属小学校　白坂洋一

もくじ

I

理論編

「何を学び」「何をできるようになるか」子どもの論理から学びを問い直すとき、授業において「発問」は重要な役割を担っています。

本章では、「発問」をあらためてとらえ直した上で、学びを引き出し、深めていく「４つの発問」について提案します。

1 子どもの学びを問い直す

授業の主役は子どもです。

子ども一人ひとりが活躍し、ことばの力をつける国語授業を創りたいと、私たち教師は願っています。しかし、実際はどうでしょう。

ある授業の一場面を例に、皆さんで考えてみましょう。

授業の導入で「2場面のごんぎつねの気持ちについて考えよう」と本時のめあてが先生から一方的に提示される。そして、「他にはないかな」「他の意見はないかな」と子どもたちに発言を促し、授業が展開される。一通り、子どもたちが発言し終えたところで、子どもたちから出てこなかった考えを、教師が「実はね、ここでのごんは……」と説明し、教師があらかじめ準備しておいたまとめを板書して授業が終わる。

このような授業展開例は、あらためて私たちに大切なことに気づかせてくれます。それは、

子どもが自分で考える状況を教師が奪ってしまっていないか

ということです。もちろん、授業の中で教師による説明が必要な場合もあります。しかし、毎回毎回「実はね」と教師によって解説され、あらかじめ準備された教師のまとめで授業が終わることが繰り返されたとしたらどうでしょう。次第に、子どもたちにある変化が起きてきます。それは、

「結局、最後に先生が言うことが答えだから発表しなくていいや」

「授業の最後の方だけ聞いて、ノートに写してい

れば大丈夫」

という、一種の「教師依存」です。

「できるように、分かるように」と子どもたちのことを強く思いすぎるがゆえ、ついつい教師は、「だったら、前もって教えておこう」「困らないようにしておいてあげよう」と準備してしまいます。あくまで善意でしていることなのです。しかし、その教師の「思い」が、子どもが自分で考える状況を教師が奪ってしまっているのです。

子どもは困ったとき、本気で考え始めます。

子どもたちが動き出す、つまり何か活動を始める前に、教師が説明を始めてしまう。そして、子どもたちが困らないようにと、細かな状況まで想定して教材や教具を準備する。それは、はじめのうちは、自分で考える子どもを育てるための手立てとしては有効かもしれません。

しかし、最初から全く困らない状況を教師が一方的につくり続けてしまったら、たとえ、考える力が子どもたちにつき始めていたとしても、子どもたちは次第に考えることをしなくなります。つまり、子どもたちの考える機会を奪うことになってしまうのです。

子どもは、問題に直面して困ったとき、主体的に考え始めます。そう考えると、教師がするべきことは、子どもが自分で考え始めるような「状況づくり」だといえます。前もって答えを示したり、困らないための準備をしたりすることではありません。

また、これまでの国語授業の中心は、「教える」を中心にした発想や考え方のもと、「何を教えるのか」という教科内容に重点が置かれていました。そのため、実際の授業では、図鑑づくりなどの学習活動は行われていたとしても、そこに教科内容が伴っていないということがありました。あるいは、教師の教材研究による発見に子どもたちを付き合わせ、教師の解釈に追い込むといったことがありました。

この二つは、授業スタイルとしては大きな違いがあります。しかし、両者には大きな共通点があります。それは、

どちらも、子どもの「？（問い）」や「！（願い）」が授業の中心になっていない

ということです。だから私は、「子どもたちが何をどのように学ぶのか」を軸に、あらためて子どもの「学び」を問い直す必要があると考えています。

2 子どもの論理―子どもの思考の文脈に寄り添う―

２０２０年度より学習指導要領が小学校で全面実施となりました。学習指導要領では、授業改善の視点として、「主体的・対話的で深い学び」が示されました。それにかかわって、国語科では「言葉による見方・考え方」という教科の独自性が示されました。これらにより、資質・能力を育むために必要な学びのあり方について、授業の工夫・改善を重ね、指導方法を不断に見直すことの必要性が示されたといえます。特に「見方・考え方」は、今後の国語科教育のあり方を方向づける、大きなきっかけになると思われます。その実現のために、次の2点が欠かせないと私は考えています。

① 教科内容の質的転換

中心人物、視点、クライマックスとこれまでの教科内容はコンテンツ（内容）そのものでした。これからは単なる知識ではなく、課題が問題化したとき、そのコンテンツを実践知として、子どもがどう使いこなすかという能力までを含めて教科内容ととらえる質的転換の必要があります。

② 教師の立ち位置の転換

これまでは、あらかじめ教師が提示する学習活動によって、コンテンツ中心の教科内容へ子どもを「到達」させていたといえます。方法が一方的に与えられる限り、子どもの学びに対する能動性は見られませんでした。これからは、子どもの学びを「支える」という立ち位置へ転換し、子どもの側が学びを求める授業へと転換する必要があります。

国語科は「言葉の実践知」を育てる教科です。状況や文脈の中で、活動形態に確かな知識及び技能を位置づけて、自覚化を促す。そのことによって、どのように言語を運用していくか、実践知を高める教科だといえます。実践知に寄与しない学びは、学びとはいえません。

また、国語科独自が抱える課題に、授業が教師主体で構成されているという点があります。研究授業後の協議会でも、議論の中心になるのは、教材解釈はこれでよかったのか、その解釈にどれだけ授業で迫れたかといった教科内容中心の議論がほとんどで、子どもの学びはどうだったのか、子どもの学ぶ文脈と教師の教える筋道が無理なく整合されていたかといった観点で協議されることは稀です。

これまでの国語授業は、教師の発想や考え方を中心とした枠組みで形づくられていました。

それは、ある意味、仕方のないことでもありました。国語科は、教科内容自体が見えにくいという特性を持ち合わせているからです。そのため、これまでの国語授業づくりの中心は「何を教えるか」という教科内容を明確にする取組が中心となっていました。そして、これらの取組によって、教科内容が明らかになるとともに、数多くの価値ある実践が蓄積されてきました。つまり、国語科の教科内容（コンテンツ）が、整理されてきたのです。

しかし、一方で、「やはり、国語の授業は難しい」と多くの先生方が感じてきたのも事実です。それは、授業づくりの中心が、内容（コンテンツ）の側へと寄ることで、子どもの意識との間にズレが生じてしまったところに原因があります。そのため、教師の教材研究による発見に子どもたちを付き合わせ、最後に教師の解釈を伝達するといったことが見られました。

言い換えるならば、授業の主体が教師になっていたのです。それにより、多くの子どもたちが授業で見せるのは受動的な姿です。教師主体の授業によって、子どもたちに限定した読みを強いることになり、子どもたちは教師の問いかけや指示に反応するだけでした。

学習指導要領では、「主体的・対話的で深い学び」という学びの方向性が示されています。

そのためには、授業づくりの枠組みそのものを、教師主体から子ども主体へと変えていく必要があると私は考えています。また、長年に渡って蓄積されてきた数多くの価値ある実践に光を当て直すことで、新しい国語授業をつくることができると考えました。

そこで、着目したのが「発問」です。

発問は、教える側と学ぶ側の筋道を一致させる授業展開の要です。

また、学習者の思考を促し、授業の中心的役割を担う授業技術でもあります。しかしながら、国語科における発問は、内容確認の発問、想像の語りに終始する発問、教師の解釈を辿らせる発問などが多く、教師の教える筋が重視され、子どもの学ぶ文脈は軽視されてきたと言わざるを得ません。このことは、学ぶ側である子ども主体の授業展開を立ち止まらせている一要因ともいえるでしょう。

そこで、子どもの学びに対する能動性という観点から、発問のあり方を検討し、子どもがことばの学びに主体的に関わり、実践知を豊かにしていく発問はどうあればよいのかを考えることとしました。

授業の中での「教える—学ぶ」の関係を整理し、再構築していくことが、これからの国語授業づくりに求められているのです。

（1）子どもは、「？（問い）」や「！（願望）」が生まれた瞬間に動き出す

授業の中で、子どもたちが学びの必然性を実感する。その瞬間を教師が創る。このことが、子ども主体の授業へのきっかけになります。子どもたちが考えたい、考えざるを得ないような状況、状態、その必然性を授業の中で創り出すのです。

その瞬間を私は、「子どもたちから感嘆詞が生まれる瞬間」と表現しています。子どもたちの中に「えっ、これってどういうことなんだろう？」「どうしてそうなるんだろう？」といった「？（問い）」や「もっと調べてみたい！」「やってみたい！」といった「！（願望）」が生まれた瞬間に子どもは学ぶ主体となります。「子どもの主体が立ち上がる瞬間」と言い換えることができます。

教師の「教える」と子どもの「学ぶ」をつなぐために、私たちは教える立場から教材や授

業をとらえるだけでなく、子どもたちの目線で教材や授業をとらえる必要があります。

子どもの「学ぶ」を中心にした発想や考え方で授業を創ることを、私は、『「子どもの論理」で授業を創る』と表現しています。

このことは、教師が子ども任せにする、子どもに擦り寄ることを意味しているわけでは決してありません。教師として、「教える」という意識をもつことは大切なことです。つまり、教師の「教える」と子どもの「学ぶ」をつなぐために、教師の立ち位置を変えようということなのです。

教材や授業すべてを教師の目線から見るのでなく、子どもたちの目線からとらえ、授業を構想する。立ち位置を変えることによって、「教えるから学ぶへ」と授業のベクトルを変える、そうすることで、子どもの思考の文脈に寄り添うことができるといえます。

そのため、子どもの思考の文脈に寄り添い「子どもの論理」で国語授業を創るためには、次の3つの条件が土台になると考えています。

条件①は、問いそのものに現実性があり、考えること、話し合うこと、読むこと自体が楽

「子どもの論理」で授業を創る、３つの条件

条件① 子どもたちにとって学びの必然性がある「問い」、「願望」

条件② 子どもたちの気づきや問いの「連続・発展」

条件③ 子どもたちの学びの「自覚化」

しい、子どもたちが学びに対して必要感をもつことを指していいます。子どもたちにとって学びの必然性がある「問い」や「願望」が生まれたとき、それが「学びの原動力」となるのです。

条件②は、教師の役割が大きく関係してきます。子どもたちの気づきや問いが連続・発展するためには、教師の「教えたい」ことを子どもたちの「学びたい」にどう変えていくのかを考える必要があります。そこで、子どもの思考の文脈に寄り添い、形成するための教師の発問と問い返しは、授業づくりにおける一つの着眼点でもあります。これまでの国語授業づくりでは、教師の教えるという意識が強すぎるあまり、教師の意図する方向へと引っ張る授業が多かったように思います。そのために、脈絡のないまま教師の発問が繰り返されてしまうことが多かったのも事実です。

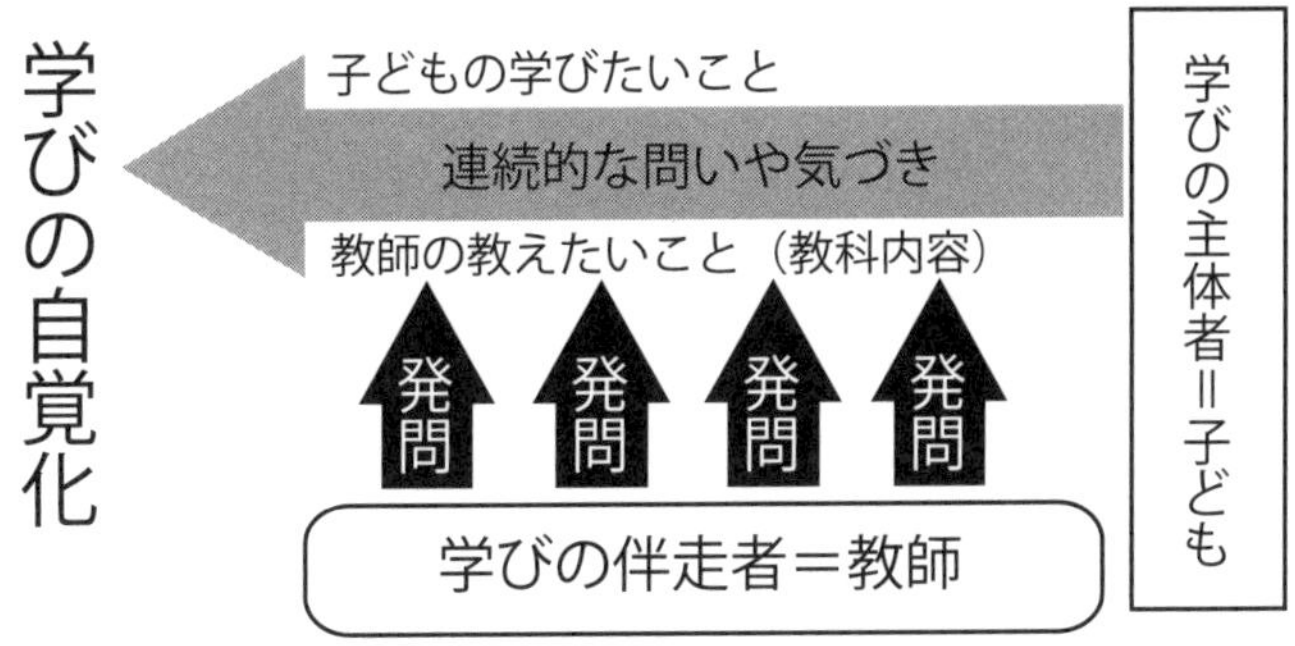

条件③は、子どもたちが何をいかに学び、そして何ができるようになったかを自覚化することです。教師が何かを教えたからといって子どもたちはすぐにできるわけではありません。学んだことを使いこなす実践知を積み重ねることによって、学びは確かなものになります。そのために、学びの過程をふり返り、学びを定着させる教師の働きかけは大きな役割を果たします。ふり返りについては、あらゆる場面で重視され、行われています。しかし、このふり返りが先生のまとめを書く、授業の感想を書くというレベルで立ち止まっているところを見直していく必要があると思います。

3 授業における「発問」とは

　ここまで、国語科が独自に抱える課題として、授業が教師主体で構成されているという点を挙げました。また、子どもの学びに対する能動性という観点から、発問のあり方を検討する必要があることについて述べました。発問は、授業展開の要であり、思考を促す中心的役割を担う技術でもあります。

　では、授業における「発問」とはどのようなものなのでしょうか。

　ここでは、授業における教師の言葉に着目します。発問が指示や説明とはどう異なるのかについて述べた上で、発問のもつ2つの機能について取り上げていくことにします。

　私たち教師は授業の中でさまざまな言葉を使い分けています。

　例えば、研究授業を参観する際、教師の発言をT、子どもの発言をCとしながら、授業の過程を記録した、または目にした経験が一度はあるかと思います。そこには、教師と子ども、子ども同士のコミュニケーション過程が記されています。

教師の言葉に着目すると、指示、発問、説明、助言など、目的に合わせて、さまざまな言葉を使い分けていることに気づくことができます。大西忠治氏は『発問上達法』（民衆社、1988年）において、教師の言葉「指導言」に着目して、その類型と特徴について取り上げています。また、石井英真氏は『授業づくりの深め方「よい授業」をデザインするための5つのツボ』（ミネルヴァ書房、2020年）において、授業における指導言の相互関係を教師がつかんで使いこなすことの必要性を述べています。

石井氏は、教師の指導言を4つ取り上げ、次のように特徴をまとめています。

【指示】
子どもに行動、活動、作業などを要請してやらせること

【発問】
教師から子どもに問いかけること、およびその問いのこと

【説明】
子どもたちにとって未知の内容について、子どもたちがすでに知っていることなどを手がかりにしながら、分かりやすく述べること

【助言】

子どもたちの様々な活動の深化・発展を図る上で、役立ちそうな言葉をかけること

また、発問には大きく分けて2つの機能があるとしています。

①子どもの状態を知るために問う機能

②教科内容に即して子どもの思考を促し、教師が教えたいものを発見させるために問う機能を挙げています。

ここで注目したいのは、発問が「分かっている側」である教師から「まだ分かっていない側」である子どもに対して問うているという点です。

発問と似た言葉に「質問」があります。例えば、「どうして海の水はしょっぱいの？」「どうしてトラックにはたくさんタイヤがついているの？」のように、日常会話で多く使われ、子どもたちから質問されたという方も経験的にいらっしゃることでしょう。この場合は「分かっていない側」から「分かっている側」へ問うています。

その点から比較すると、発問と質問は対照的であるといえるでしょう。

一つ言えることは、何のために問うのかという教育的意図をもった発問は、子どもの学びを刺激するという点です。授業のねらいに即した発問、発問構成は子どもたちの思考を触発し、それを深めるものとなりうるのだということでしょう。

4　４つの発問構成で授業を創る

（1）子どもの主体が立ち上がる発問構成へ

私たち教師は、授業を構成する際、子どもたちが分かるように、できるようにと願い、発問を考えています。しかし、時にその思いが強くなるがゆえに、教師の側で狭いレールを敷いてしまい、その狭いレールから子どもたちが外れてしまわないように、外れてしまわないようにと授業を進めてしまうことがあります。

そのことが授業の中で顕著にあらわれるのが、

発問の数の多さ

です。発問が多くなればなるほど、一問一答形式に陥り、子どもたちはますます受動的になってしまい、子ども主体の授業から遠ざかってしまいます。

子ども主体の国語科授業への転換を目指し、発問のあり方を検討すると、これまでの発問は、コンテンツ（内容）をベースとした確認や取り出しを主とした、教師が発する「抽出型」であったといえます。

一方、これからの発問について考えると、「創造型」へと転換する必要があると考えています。コンピテンシーをベースとした意味理解、子どもが発する問いへと転換するのです。教師の「教える」を中心にした授業づくりから、子どもの「学ぶ」を中心にした授業づくりへとシフトチェンジする。一言でいうと、教師の教えたいことを子どもたちから「引き出す」という発想で授業を創るということです。

教師の「発問」がきっかけとなって、子どもたちが思考の文脈を形成しながら、教科の本質へと目を向けていく。そのためにも、教師が「子どもたちは今、どんな状態にあるのか」「まだ見えていない視点は何か」など、子どもの姿をとらえながら、子どもたち自らが解を見いだしていくことができるように、教師が学びを支えるところに、「学び」の価値はあると考えます。

そう考えたとき、日々、授業実践する中で、強くする思いは、

授業の中に「子どもの主体が立ち上がる」瞬間を創る

ということです。その一つの切り口が発問です。このことを忘れると、授業は子どものもとを離れ、教師だけのものとなってしまいます。

（2）子どもの論理で授業を創る4つの発問

では、どう具体化していけばよいのでしょうか。私は国語科における発問構成を次の４つで考えました。

まず、**【きっかけ発問】**は、必要な内容や情報を確認したり、取り出したりすることを意図した発問です。また課題として投げかけることで、本時の学習の方向性を示す発問でもあります。

次に**【誘発発問】**は、子どもたちの見方や考え方のずれから問いを引き出す発問です。ことばの関係性について、子どもたちの見方や考え方がずれたとき、問題化されます。そのことによって、ことばに対する多面的な見方・考え方が引き出されるようにすることをねら

子どもの論理で授業を創る４つの発問

導入	①学びを生み出す**「きっかけ発問」**
⇩	
展開	②問いを引き出す**「誘発発問」** ③ねらいにせまる**「焦点化発問」**
⇩	
終末	④学びを定着させる**「再構成（再考性）発問」**

っています。

そして、何がどう問題だったのかが見えてきたところで投げ掛ける発問が**【焦点化発問】**です。論理構成に着目したり、新たな視点を取り入れたりすることで学びがより一層深くなることを意図した発問です。教師の発問がきっかけとなって、学びを促進し、ねらいにせまります。

【再構成（再考性）発問】は、最後に何が言えるのか、次に生かしたい学びは何かなど、学びの過程をふり返ることで、自覚化し、定着することをねらった発問です。

この４つを1時間の授業の中の導入、展開、終末場面の適切なタイミングで配置します。

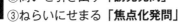

では、この４つの発問について、具体的な教材をもとに考えてみましょう。

取り上げる教材は、説明文「人をつつむ形―世界の家めぐり」（東京書籍３年下）です。この教材は、世界の家を題材に、筆者がモンゴル、チュニジア、セネガルの家を「材料や気候」「くらし」「つくり」と共通した観点で紹介した文章です。「終わり」がない頭括型の文章構成で、題名「つつむ」には筆者の家に対する見方があらわれています。

では、1時間の授業の流れとともに、4つの発問構成を紹介していきます。本時のねらいは、次に示す通りです。

◆文章構成を話題に話し合うことを通して、段落のつながりをとらえ、筆者の家に対する見方を含めた「終わり」を書くことができる。

【きっかけ発問】

はじめ・中・終わりはどのように分けることができますか？

このように発問し、はじめ・中・終わりの、三部構成に分けるように指示します。

すると、教室のあちらこちらから「終わりがない」と、つぶやきが聞こえてきます。隣同士で確認する声も上がり始めるでしょう。

そこで、一人の子どもに「どういうこと？」と問い返すと、「はじめと中の部分はあるけれど、終わりの部分が書かれていない」と言うのです。その声を聞いている周りの子どもたちも大きくうなずいています。「本当に？」と問い返すと、さらに大きくうなずいています。だったらみんなで確かめてみようと、全体で三部構成を確認します。「中」に書かれた事例を中心に読むことで、「はじめ」と「中」しかない文章であることが確認できました。

すると、ある子が一言、「先生、終わりの文、隠したんじゃないの？」と言い出しました。周りからも「確かに」「どこかにやったんでしょ」の声。

ここで一言「そんなことはないよ。これで全部だよ。だったら、自分で終わりをつくってみてはどうかな。つくれそう？」と問い返しました。すると、「できるよ！」と自信たっぷりの子もいれば、「書ける気もするけれど自信がない」、「できない、書けないかも……」と不安げな子と、学級全体が３つの層に分かれました。

そこで私は、書ける気もするけれど自信がないという子に、「どうすれば書けそう？」とたずねました。すると、「中の部分を読んでいくといいのかな」という考えが出され、周りの子どもたちもうなずいています。そこで再び「どういうこと？」と問い返すと、「終わりの部分はまとめでもあるから、世界の家の共通するところが分かれば書けるかもしれない」というのです。そこで、本時では「中」の部分を読み、終わりの文を書くという読みの目的が共有されました。

「きっかけ発問」によって、子どもの学びの足場をつくります。また、おもしろそうだな、やってみたいという意欲が生まれ、学びの方向性がつくられます。

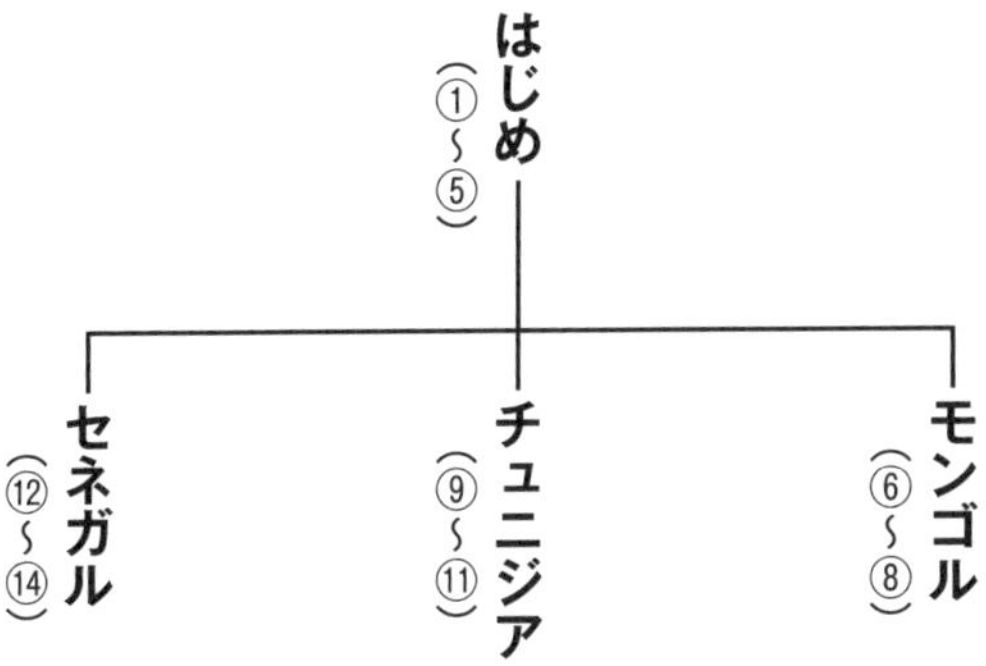

【誘発発問】

もし住むとしたら、どの家に住んでみたい？

「中」の部分を読むという学習の方向性が示されたところで、このように問いました。モンゴル、チュニジア、セネガルと3つの事例から選ぶのですから、ずれが生じるのも当然です。

ここで挙げている「もし～するとしたら、どの～したい？」や「どの～が一番すごいと思った？」といった「選ぶ」発問は、全ての教材で使える発問では決してありません。

この教材の文章構成図をつくってみると分かるのですが、上の図のように、それぞれの事例は並列型で比較された関係にあります。このような事

例の場合に有効な発問です。他にも「じどう車くらべ」（光村図書1年）、「あなのやくわり」（東京書籍2年）、「すがたをかえる大豆」（光村図書3年）などでも有効な発問です。このように、教材の特性に合わせて、発問は使い分ける必要があります。

なお、この場面では、子どもたちの授業への参加度を上げ、表現への自信や欲求を高めるためにある手立てを行いました。それぞれの事例を数字で表して、交流するのです。例えば、モンゴルを①、チュニジアを②、セネガルを③とした上で、どの家に住んでみたいかを指で示すようにするのです。「じゃあ、どの家に住みたいか、指で表すよ。せーの」と全員の立場が明らかになったところで「どうしてその家に住んでみたいと考えたのか、違う数字の友だちと理由をお話してごらん」と促すのです。

ここでのポイントは「違う数字（異なる意見）との交流」です。異なる意見と交流することを通して、自分の理解や考えを確かめるとともに、相手の意見を聞くことを通して、自分の考えを広げ、深めることができます。適度な意見のずれと緊張感があるからです。

全体交流では、どの家に住んでみたいか、その理由を話し合うことを通して、それぞれの家の特徴を、さらに板書で整理しました。比較する（比べる）ことで、相違点さらには共通点に着目することができます。

ここでの発問によって、子どもたちから「世界の人々は、どうしてこうした家に住んでいるんだろう」という問いが引き出されました。

なお、全体交流の際、「どうして?」「どこで?」の問い返しを意図的に使い分けます。「どうして?」と問い返すと、子どもたちは理由を話し始めます。そこには生活経験も含まれます。また「どこで?」と問い返すことで、子どもたちは教材の本文に立ち戻ります。根拠を求めるからです。

国語科において「どこで?」の問い返しは根拠を明確にする有効な問い返しだといえます。

「誘発発問」によって、子どもたちの見方や考え方にずれが見つかり、「本当はどうなんだろう」と、ことばの学びに向かって動き出します。

【焦点化発問】

でも、世界の人々も日本のような家に住めばいいのにね。

選んだ理由を交流し、それぞれの家の特徴が浮かび上がってきたところで、このように問います。「でも」を使って問うことで、ゆさぶりをかけるのです。子どもたちからは反論があがります。「そこに住む人たちのくらしに合わせているから、日本とは家のつくりが違う」「例えば、チュニジアはそこの土地を生かせるようにうまく工夫している」という意見が出されました。そこで、「だったら、筆者はそのことをこの文章のどこで述べているのかな？」とさらに問いました。このように、筆者の家に対する見方に焦点化していきます。

本時では、焦点化発問でゆさぶることによって、筆者と同じ立場に立たせ、その根拠を本文から見いだすようにしました。

特徴的なのは、「でも」と切り出したところです。それによって、逆の立場を挙げ、考えをゆさぶるようにしました。すると、それぞれの事例に共通する、「土地の特徴」「人々のくらし」「地元にある材料」という工夫が書かれた④段落へと焦点化されました。

立ち上がった子どもの問いによって「はっきりさせたいな」「どうしたらいいんだろう」と子どもは一度、立ち止まり、自ら学びを求めるようになります。そこで、「焦点化発問」によって、新たな視点が取り入れられ、子どもは学びを深めます。

そして、子どもたちが④段落に着目して、筆者の見方が明らかになったところで、はじめの課題に立ち戻り、次のように発問しました。

【再構成（再考性）発問】

④段落を生かすと、終わりの文はどのように書くことができるでしょう？

ここでの活動は④段落を生かした終わりの文づくりです。気をつけておきたいのは、ただ終わりの文をつくる活動だけを行うと、子どもたちは書けない状況に陥ってしまうということです。焦点化発問によって、④段落が明示化されたことによって、子どもたちは終わりの文をつくることができます。

子どもたちがつくった終わりの文には、次のようなものがありました。

世界の人々は、土地のとくちょうやくらしに合わせて、自分たちの生活に合うようにくふうして家をつくっているのです。

わたしは、世界中をたずねて、家づくりには人々のくふうがあることに気づきました。人がいて家があるのです。

２つ目の児童の作品は、筆者「わたし」を主語として書かれた終わりの文です。これは1段落のはじめに、筆者である「わたし」が登場しているという教材の特性を生かした終わりの文づくりだといえます。

再構成（再考性）発問によって、子どもは学びをふり返ります。表現を通して、大切なことを意味づけ、学びを自覚化することができます。

この授業の発問構成で着目してほしいのが、「なぜ?」「どうして?」を授業のはじめに問わない「選択型発問」になっているという点です。この授業では「もし住むとしたら、どの家に住んでみたい?」と発問しています。子どもの側にとってみたら3つの選択肢のうちのどれかが問われていることになります。選ぶということが求められ、答えやすい発問だといえるでしょう。

5 「ねらい」から発問を考える

では、発問づくりの要となるのは何でしょうか。

それは「ねらい」です。その重要性については、これまでも教育実習や研修の場、指導案づくりにおいて、言われてきたことです。授業を家に喩えるならば、ねらいは「大黒柱」といえるでしょう。

国語授業をつくる上で土台となるのは「教材研究」です。よりよい授業を創り上げるために、多くの先生方が先行研究や実践をもとに、教材研究を行ってきました。教材研究とは、「学習素材としてのことばを吟味・分析し、教材として学ぶ内容を検討し、授業を構想すること」です。シンプルに示すと、教材研究は「教材分析＋授業構想」で成り立っています。教材分析を通して、授業のねらいを明確にした上で、授業を構想していきます。ねらいを明確にすることがまた発問を創るのです。

これまでも「教材分析」は特に重要視されてきたといえるでしょう。例えば、「読みの10

の観点」（白石範孝氏）、「構造図」（浜本純逸氏）などを教材分析法として挙げることができます。教材分析によってことばを吟味・分析することが何を教えるかという教科内容を明確にするとともに、授業を豊かにすることを多くの先生方が知っています。だからこそ、「教材分析」は重要視されてきました。

教材分析の観点は、これまでに多くの先行研究によって、明らかにされてきました。そうした先行研究を参考にして、私は次のような観点で教材分析を行っています。

【説明文】

① 題名（題材・話題）は？
② 問いと答えの関係は？
③ 段落（主語・文末表現）は？
④ 要点・要約は？
⑤ 事例のあり方（内容・順序性など）は？
⑥ 文章構成は？

⑦　接続語や強調など表現の効果は？
⑧　繰り返しは？
⑨　比較・対比は？
⑩　説明文の文種は？
⑪　筆者の主張は？

【物語】
①物語の設定（時・場所）・題名は？
②登場人物は？（中心人物・対人物・周辺人物）
③人物関係は？
④事件（出来事）は？
⑤結末は？
⑥視点は？（視点の転換）
⑦物語での変容は？（人物・状況の変容）
⑧あらすじをまとめると？（中心人物、事件、結末）

⑨伏線は？（事件のきっかけ）
⑩メッセージは？（主題）

しかし、一方で、多くの先生方は同時に難しさも実感してきました。例えば、具体的にどのような学習活動にしようか、子どもたちにどういう発問をしようかといった、教材分析を授業構想へといかに反映させていくかです。ここが授業づくりで一番頭を悩ませるところです。ここに教材分析と授業構想の間の深い溝があります。

そこで、この深い溝を埋める、要となるのが「ねらい」です。ねらいは授業の目的です。ねらいに基づいて、学習活動、発問、板書計画などが組み立てられていくわけですから、ねらいが明確になっていない限り、授業がぼやけてしまったり、ずれてしまったりします。

では、皆さんは、そのねらいをどのように立てているでしょうか。私は次のような文型でまとめることで、授業を明確にしています。

「A」について話し合うことを通して、Bをとらえ、Cすることができる。

「A」の部分は例えば、「『ダムをつくるビーバーの工程』について話し合うことを通して」や「『太一が瀬の主にもりを打たなかったのはなぜか』について話し合うことを通して」など、子どもの「問い」を引き出す本時の中心話題が入ります。

「B」の部分は、「中心人物の心情の変化や登場人物の相互関係をとらえ」や「データ資料の特徴をとらえ」など、言葉による見方・考え方を働かせる、授業での学びを明確に示すようにします。

「C」の部分には「気持ちの変化をペープサート劇で表現することができる」、「筆者の主張に対する自分の考えを意見文としてまとめることができる」のように言語活動が入ります。

「A」によって引き出される、子どもたちにとっての「問い」は、「学びの原動力」となります。そのためにも、教材分析を通して、教材の特性を明らかにする営みが必要となります。そのことを通して、初めて「何を教える」かが明らかになってきます。

発問づくりは、教材の特性によって、当然、異なります。たとえ教材は違っても、教師の「教えたい」を子どもたちの「学びたい」にどう変えていくかを考える営みは同じです。「このように問われたら、子どもたちは、どのように答えたくなるだろう」と、学びの文脈を描き出すことは、授業構想段階において、教師に求められます。

以下、発問づくりの参考までに、発問構成の役割と子どもの思考の文脈を表としてまとめたものを示します。

過程	教師の側から見た発問の役割	子どもの思考の文脈
導入	【きっかけ発問】課題として投げかけることで、学習の方向性を示す	【考えたくなる】おもしろそうだな、やってみたいと考え、学びたくなる
展開	【誘発発問】言葉の問題について、子どもたちの見方や考え方がずれる	【動き出す】ずれが見つかって、本当はどうなんだろうと、動き出すようになる
展開	【焦点化発問】新たな視点を取り入れることによって、本質をとらえ、学びを深める	【立ち止まる】はっきりさせたい、どうしたらいいんだろうと自ら学びを求めるようになる
終末	【再構成発問】学びをふり返り、自覚化する	【意味づける】ふり返って、大切なことを意味づける

6 汎用的な発問「この物語で、たった一文だけ残すとしたら？」
―「初発の感想」再考―

前節で、私は教材の特性に合わせて、発問を使い分ける必要があることを述べました。一方で、発問の中には、さまざまな教材で使うことができるものがあります。本項では、汎用的な発問とその有効性を紹介します。

物語学習での単元導入時に、初発の感想を書く活動をすることは多いと思います。その目的は何でしょう。一人の読み手として、子どもたちが物語をどう読んだかを教師がとらえるためということもあるでしょう。また、感想に見られる子どもたちの素朴な疑問を出発点として、単元計画を立てるためということもあるでしょう。

しかし、私はこのような初発の感想のあり方について、次のような疑問を抱いています。

「子どもたちの自由な初発の感想はその後の単元において多くは生かされず、教師のねらいとは必ずしも一致していないのではないか」

<初発の感想に対する疑問>

・初発の感想にみられる子どもたちの素朴な疑問は、本単元における教師のねらいと一致しているのか。
・子どもたちの初発の感想は、その後の単元において、生かされているのか。

ということです。初発の感想を単元導入時で取り入れ、その後の単元に生かそうとする試みには賛同しますが、初発の感想のあり方に関しては、あらためて再考する必要があるのではないでしょうか。

単元導入時における初発の感想は、その後の学習の方向づけを行う役割があると私は考えています。数時間かけて1つの物語を読んでいくのですから、初発の感想を書くことによって、どの場面、どのことばに着目して読んでいくのか、学びの方向性が指し示される必要があります。だから、「なんでもいいから思ったことを自由に書きなさい」という指示で書かれた初発の感想は、その後の単元に多くは生かすことができないだろうし、書く側の子どもたちにとってみても、着目する観点がないなかでは苦痛でしかありません。そこで、物語における初発の感想の在り方を1つの発問から考え、その可能性を探っていきます。その発問とは、

この物語で、たった一文だけ残すとしたら？

です。

例として、ここでは、単元導入時にこの発問を取り入れた授業実践を紹介します。発問によって子どもたちが取り出した箇所を紹介し、教材分析の観点から、取り出した箇所が教師のねらいと一致しているのかを検証していきます。

授業実践では、「ごんぎつね」（4年：教科書全社）と「大造じいさんとがん」（5年：教科書全社）、さらには「海のいのち」（6年：東京書籍）を取り上げます。

（1）「ごんぎつね」（4年：教科書全社）

本教材「ごんぎつね」は、ひとりぼっちの小ぎつねであるごんが、うなぎのいたずらのつ

ぐないを重ね、最後の場面で、ごんが兵十に撃たれたときに、兵十につぐないをしていたのが誰かを分かってもらえる話です。

子どもたちがそれぞれ選んで取り出した一文は、以下の6つでした。

ア：「兵十のおっかあは、とこについていて、うなぎが食べたいと言ったにちがいない。
（略）ちょっ、あんないたずらをしなけりゃよかった。」
イ：「おれと同じ、ひとりぼっちの兵十か。」
ウ：「ごん、お前だったのか、いつもくりをくれたのは。」
エ：ごんは、ぐったりと目をつぶったまま、うなずきました。
オ：兵十は、火なわじゅうを、ばたりと取り落としました。
カ：青いけむりが、まだつつ口から細く出ていました。

選んだ一文の意見が特に集中したのがウとエでした。それぞれを学級の3分の1ずつの子どもが選んでいました。以下に理由を紹介します。

【ウに関して】

・会話文の中で一番最後に出てきて、いつもくれていた相手が想像もしていなかったごんだったということを兵十が分かった文だから。

・兵十が真実を知り、ごんに対する気持ちが変わって、感動したから。

・ごんを撃ってしまったことを悔やんでいる兵十の気持ちが一番出ている文だから。

【エに関して】

・ごんは兵十にどうしても分かってほしくて、撃たれてでも目をつぶったままがんばってうなずいたところに感動したから。

・いたずらのつぐないにくりや松たけをもっていったのは、ごんだったということを兵十に知らせることができたところだから。

ウは「兵十の心情の変化」に、エは「ごんの思いが伝わった」ことに着目して理由を挙げていることが分かります。

では、この発問によって取り出された一文は、教師のねらいと重なりがあるのか、教材分析の観点から詳しく見ていきましょう。

なお、私の本単元でのねらいは、「『新美南吉が、物語で伝えたかったことは何か』について話し合うことを通して、中心人物の心情の変化や登場人物の相互関係をとらえ、物語のおもしろさを紹介することができる」としていました。

まず、ア～カを場面で分類します。アは2場面、イは3場面、ウ～カは6場面です。

2場面のごんの穴の中での言葉（会話文）は、兵十への一方的な思い（思い込み）が強くなる箇所といえます。ごんの言葉は6場面の伏線となっていて、事実とごんの想像に分類することで、一方的な思いが強くなることをつかむことができます。

3場面の赤い井戸の箇所は、まさしくイの言葉にごんの兵十に対する思いが集約されています。語り手を観点に、ごんの行きかけた方向を考えることを通して、兵十への強い思いが行動にあらわれていることをとらえることができます。

6場面は、視点の転換があることで、ごんを撃った兵十の内面的な悔恨の大きさが伝わってきます。特に、物語の最後の4文には、ごんと兵十の二重の悲劇性が見いだせます。ウ～オは兵十に対してごんの思いが伝わる3文であり、まるで画面が切り替わるように、ごんと兵十の様子が丁寧に描写されています。カは情景描写として、二人の思いが描かれている一文です。

この1つの発問によって、6場面ある長文の中から、教師が授業で教えたい叙述や描写に自然と子どもたちが初読の段階で目を向けたことが分かります。

本実践では、選んだ一文を場面ごとに分類し、どうしてその一文を選んだのか、理由を交流しました。交流する中で挙げられたのが、最後の場面で、ごんの気持ちは伝わったのにどうして撃たれなければならなかったのかという点でした。そこで、「このごんぎつねの物語で、どんなことを課題にしたいか？」と問いかけ、課題づくりを行ったところ、本単元での課題は「作者、新美南吉が最も伝えたかったことは何か」となりました

1つの問いをきっかけとして、課題が明確化、焦点化されたことで、子どもたちには読む目的と学習の方向性が示されたといえます。

(2)「大造じいさんとがん」(5年：教科書全社)

本教材は、大造じいさんとがんの頭領である残雪との、人間と動物の関係をあたかも超越するかのようなかかわりが、美しい情景描写とともに描かれた作品です。

子どもたちがそれぞれ選んで取り出した一文は、以下の7つでした。

ア：ただ救わねばならぬ、仲間のすがたがあるだけでした。
イ：それは、鳥とはいえ、いかにも頭領らしい、堂々たる態度のようでありました。
ウ：大造じいさんは、強く心を打たれて、ただの鳥に対しているような気がしませんでした。
エ：快い羽音一番。
オ：らんまんとさいたすももの花が、その羽にふれて、雪のように清らかに、はらはらと散りました。
カ：「おうい、がんの英ゆうよ。おまえみたいなえらぶつを、（略）また、堂々と戦おうじゃあないか。」
キ：そうして、残雪が北へ北へと飛び去っていくのを、はればれとした顔つきで見守っていました。

選んだ一文の意見が集中したのがウとカでした。どうしてその箇所を選んだのか、理由を以下に紹介します。

【ウに関して】

・これまでいまいましいと思っていた残雪に対する大造じいさんの見方が大きく変わる一文だから

・残雪の仲間を救う行動だけでなく、頭領らしい堂々とした態度から、大造じいさんが強く心を打たれて、気持ちが大きく変わったところだから

【カに関して】

・大造じいさんの数少ない会話文の中で、残雪への思いが変わったことが分かる一文だから

・仲間を救う残雪の行動を見て、自分がしようとしたことがひきょうだと思い、堂々と戦うことを決心したことが分かる会話文だから

ウ、カともに「残雪に対する大造じいさんの心情の変化」に着目しています。

では、この問いによって取り出された一文は、教師のねらいと重なりがあるのか、次に教材分析の観点から詳しく見ていきましょう。

なお、私の本単元でのねらいは「『大造じいさんが銃を下ろしたのはなぜか』について話

し合うことを通して、設定や登場人物の相互関係、視点の転換をとらえ、物語のテーマを詩として表現することができる」と設定しました。

ア〜キを場面で分類してみると、ア〜ウは3場面、エ〜キは4場面です。

本教材は、物語の基本構成を伴って、中心人物である大造じいさんの変容が描かれています。クライマックスとして、大造じいさんの変容が描かれているのが3場面にあるウの文です。そのきっかけが、直前に描かれている仲間を救い、そして、頭領らしい、堂々たる態度をみせた残雪の姿です。語り手が大造じいさんから残雪へと視点が転換する場面でもあります。視点の転換を読むことを通して、残雪の姿に心打たれた大造じいさんの変容の大きさをとらえさせることができるのが3場面だといえます。

また、高学年における物語の授業の中心は、登場人物の相互関係を読むことにあります。4場面の力である大造じいさんの呼びかけ（会話文）にある「ひきょうなやり方」と「堂々と戦う」ことの違いを話題に比較することを通して、大造じいさんと残雪との関係を意味づけることができます。さらに、本教材には、色彩を伴った美しい情景描写が随所にちりばめられ、大造じいさんの心の変容が投影されています。例えば、オの情景描写からは、大造じいさんの残雪に対する心情描写を間接的にとらえることができます。

3・4場面には、教師のねらいが詰まっており、この発問によって、長文の中から、教師が授業で教えたい叙述や描写に自然と子どもたちが初読の段階で目を向けたことが分かります。

(3)「海のいのち」(6年　東京書籍)

本教材は、海を舞台に漁師として生きる太一の成長譚です。太一の成長が登場人物とのかかわりの中で描かれています。本教材の勘所は、太一が瀬の主と対峙する山場の場面です。ここで太一は、〈海とともに生きる〉という価値を見いだします。それは、全く動こうとはしないで「おだやかな目」をして太一を見ている瀬の主の姿と、大物をしとめても自まんすることもなく、海に帰っていった父の姿とが悠然とした符号で重なり、「瀬の主＝父＝海のいのち」と太一がとらえたことに起因します。〈海とともに生きる〉という価値を見いだし、「村一番の漁師であり続けた」太一の生き様が語られた物語です。

子どもたちがそれぞれ選んで取り出した一文は、以下の7つでした。

ア：父もその父も、その先ずっと顔も知らない父親たちが住んでいた海に、太一もまた住んでいた。
イ：もりの刃先を足の方にどけ、クエに向かってもう一度えがおを作った。
ウ：「おとう、ここにおられたのですか。また会いに来ますから。」
エ：大魚はこの海のいのちだと思えた。
オ：太一は村一番の漁師であり続けた。
カ：千びきに一ぴきしかとらないのだから、海のいのちは全く変わらない。
キ：巨大なクエを岩の穴で見かけたのにもりを打たなかったことは、もちろん太一は生がいだれにも話さなかった。

選んで取り出した一文について、ここでは教材分析の観点から見ていきます。なお私は、本単元でのねらいを「『太一が瀬の主にもりを打たなかったのはなぜか』について話し合うことを通して、中心人物の心情の変化や登場人物の相互関係をとらえ、物語を意味づけて詩画集にまとめることができる」と設定していました。

分類すると、アは冒頭の一文、イ～エは山場、オ～キは結末の三文です。

アは、物語の舞台が海であること、また「海のいのち」を漁師たちがずっと守り続けてきたことを意味します。そして、結末の三文（オ～キ）から、太一も父となり、次へと受け継いでいく命のつながりを読むことができます。

イ～エは太一の変容を読むにあたって、欠かせない箇所です。この場面で看過できないのは、この魚をとらなければ、本当の一人前の漁師にはなれないと泣きそうになりながらも、ふっとほほえんでもう一度えがおを作り、瀬の主を殺さなかった太一の葛藤、心情の変化です。そこで太一は、〈海とともに生きる〉という価値を見いだします。だから、太一は瀬の主を殺すことなく、瀬の主に向かって微笑むことさえできました。ここが心の転換点であり、心の葛藤を読むことによって、追い求めてきたクエにもりを打たない太一の変容をとらえることができます。

（4）教えたいことは、子どもの中にある

物語の読みにおいて、全ての語句や文を均一に取り扱っていくことは不可能です。また、日常の読書でもそういう読み方はしません。読みに濃淡が現れてくるのが自然です。だからこそ、教室での読みの「学び」では、作品の本質や価値に関わっていると思われる表現に着

目して読むことが、物語を読むおもしろさにつながります。そのためには、初発の感想を単元に生かし、学びの方向性を子どもたちに指し示すようにする必要があると考えています。

この発問は、学びの羅針盤として役割を果たす汎用的な発問だといえるでしょう。

7 接続語と問い返しで授業を動かす

教師は、子どもたちとかかわりながら、授業を創っています。教師のことばによって、子どもたちの反応も変わります。教師のことばに着目すると、対話を生むことば、生まないことばがあることに気づきます。

何気なく使うことばに「分かった人？」があります。教師の側としては、子どもを大切にしたい、授業でしっかりと教えなければならないという責任感のもとに何気なく発したことばです。

このことばを、子どもの側に立って、とらえ直してみます。反応できるのは「分かった子」だけです。すると、分かった子だけで授業は進むことになります。授業終盤になると、数人の子どもしか反応できないという状況を生んでしまいます。全体での対話が生まれません。

では、どう問いかけたらよいのでしょう。

「今、困っている人？」

「どこで困っていますか？」

と私は問いかけるようにしています。この場合、学級の中に困っている子がいることが前提となっています。素直に「困っている」が言える環境を教師がつくるのです。

教師のことばは、どの対象の子どもたちにかかわろうとしているのかに目を向け、使っていきたいものです。

教師や子どもたちが互いにかかわることばに着目すると、他にも、次のような接続語や問い返しの言葉が思考活動に役立っていることが分かります。見方を変えると、これらの接続語や問い返しのことばを思考活動に役立てるのです。

○「でも」
　逆の立場をあげ、考えをゆさぶる

○「だったら」
　同じ立場で、活動の流れに従って、その先へと考えを進める

○「たとえば」
　自分なりの分かり方を具体例に置き換えて話す

○「つまり」
　自分なりの分かり方を抽象的な言葉に置き換えて話す

○「じゃあ」
　活動の流れや考えを立ち止まらせる

○「どういうこと？」「どうして？」
　理由を問う

○「どこで？」
　根拠を問う

○「本当に？」
　見方・考え方を変え、再考させる

教師の役割の1つに「子どもたち同士をつなぐ」が挙げられます。

その際、授業で「たとえば？」と問い返すことで、子どもたちなりの分かり方が表現されます。

「『でも』って人いる？」と問い返すと、異なる立場からの意見が表現されます。

「だったら」は中心発問と重ねて使うことが効果的です。活動の流れにのりながら、その

先へと考えを進めることができるからです。

「どこでそう考えたの？」という問い返しも効果的で、子どもたちに「どこ？」を問い返すと、根拠を求めて本文に立ち戻ります。

さらに効果的なのは「どういうこと？」です。文意からは「何？」を問い返しているようですが、「どうして？」の問い返しと同じ理由を問う問い返しです。同じ理由を問う問い返しでも、子どもが理由を話す効果が大きいのは「どうして？」よりも「どういうこと？」の問い返しです。

ここで「海のいのち（東京書籍6年）」の具体的な授業での一場面を取り上げながら考えてみます。

太一は「本当の一人前の漁師」になれたのだろうか。

クエをとらなかったのだから、太一は、本当の一人前の漁師にはなれなかったのだと思う。

いや、太一は、最初、この魚をとらなければと思っていたけれど「おとう、ここにおられたのですか」と思うことでクエをとらなかったのだから、ある意味、本当の一人前の漁師になれたのだと思う。

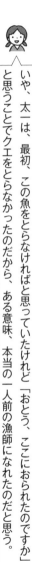

ある意味って、どういうこと？

命を粗末にしないというか、命を大切にするという意味で。

私は「泣きそうになりながら思う」から「ふっとほほえむ」とこの間で大きく変わったから太一の中で「一人前の漁師」の意味が変わって「村一番の漁師」になったと思う。

結末に「太一は村一番の漁師であり続けた」とあるから、村一番の漁師にはなれたけれど、本当の一人前の漁師にはなれなかったと思う。

だったら、村一番の漁師と本当の一人前の漁師はどこが違うのですか？

太一がクエと対峙するクライマックス場面の読みの交流です。「この魚をとらなければ、本当の一人前の漁師にはなれないのだと、太一は泣きそうになりながら思う」と「水の中で太一はふっとほほえみ、口から銀のあぶくを出した」の空所部分での太一の心情の変化を読み、このようなやりとりが展開されました。

この後、「村一番の漁師」と「本当の一人前の漁師」とでは何が違うのかに目を向けて話し合い、子どもの言葉で表現するようにしました。子どもたちは、クエと出会うことによって、太一の中で「一人前の漁師」の意味が変わったのだと意味づけました。本文の一文目を根拠に挙げつつ、海と一緒に生きられる漁師が一人前の漁師で、そのことによって、太一は村一番の漁師であり続けたのだと意味づけました。

教師の言葉によって、子どもたちの反応は変わる

教師の何気ないことばに着目すると、対話を生むことばがあることに気づきます。子どもの学びの場を創る教師の役割は大きいのです。

8 子どもの「声」で授業を創る

「〇〇について、グループで話し合いましょう」

授業中によく見られる一場面です。最近は子どもたちが見通しをもって学習に取り組むことができるように、1時間の流れがあらかじめ示される学習方法がよく見られます。例えば、「①めあての確認→②ペアで話し合う→③グループで話し合う→④全体で話し合う→⑤ふりかえり」といった内容です。場合によっては、各活動時間まで示されていることもあります。

そして、授業は示された通りに進められます。先生の指示の後、ペアやグループでの話し合いが始まります。すると、子どもたちの話し合う声で教室はパッとにぎやかになり、活発な話し合いが進んでいるかのように見えます。各活動の話し合いは、教師の手持ちのタイマーによって計られます。そして、タイマーによって時間が知らされると、たとえ、話し合いの途中であっても、次の活動へ移ることを余儀なくされるのです。

子どもの側に立って、この活動をとらえ直してみたとき、私は、以下のような疑問を感じ

ずにはいられません。

・「対話」という名のもと、活動は形骸化していないだろうか。
・タイマーによって、機械的に区切られる話し合いは、「子どものため」と本当にいえるだろうか。
・果たして、子どもたちは話し合うことが好きになるだろうか。

ペアやグループでの話し合いは、国語科だけでなく他教科も含め、多くの授業で取り入れられていますが、ただ話し合いをすればいいのではないのです。なぜそこでペアやグループで話し合うのかを、子どもにとっても必然性を感じられるものにすることが重要であり、またその目的と意義を踏まえて、教師の側が意識して、使い分けていかなければならない

〈ペアやグループでの話し合いの目的〉

① 授業への参加度を上げる
② 表現への自信・欲求を高める
③ 自分の理解や考えを確かめる
④ 自分の考えを深め、広げる

といえます。

では、ペアやグループで話し合うことに、どんな目的があるのでしょう。上の4つにまとめることができます。

学級全体で意見を交流する一斉学習では、一人ずつの発言頻度と時間は限られてきます。ペアやグループで話し合うことで、まずは授業への参加度を上げる、補うという目的があります。

また、少人数だからこそ、表現することへの心理的なハードルが低くなります。自分の考えを表現しやすくするため、活動を取り入れることで、自信をつけ、発言への意欲も高まります。

身近に聞き手がいることの効果も大きいようです。友達に自分の考えを話すことによって、自分がどのように考えているか、どこまで理解しているかを整理し、確かめることができます。

さらには、友達の意見を聞くことによって、自分の考えと比較することによって、共通点や相違点に気づき、自分の考えを広げ、深めることができます。比較するのです。先に挙げたように話し合う時間を3分と決め、タイマーで計りながら活動することも多いようです。しかし、これは教師側の都合だといえます。確認事項で短く済むのであれば、その時点で終わってしまってもよいし、まだ子どもが話し足りないようなら、時間をとるという対応力も必要ではないのでしょうか。子どもにとって満足な対談ができているか否かを、私は、

子どもたちの「声」で決めています。

「声」には、さまざまな情報が含まれます。例えば、子どもたちは意見の交流や確認が終わると、自然と声のトーンが下がります。下がり始めた頃合いで、教師は自然と全体での話し合いに入れるように、話し合いの様子をモニタリングするのです。時間は1つの目安です。子どもたちの話したい欲求の変化を敏感に察知して、切り替えていきたいものです。

9 子どもと授業を「層」でとらえる

教師の「教える」を中心にした授業づくりから、子どもの「学ぶ」を中心にした授業づくりへとシフトチェンジする。「子どもの論理」を軸に授業づくりを見直したとき、教材観や授業観、児童観など「観」について、改めて意識して見直しています。「観」の部分には、教師のとらえ方が見えるからです。子どもの「学び」に目を向けたとき、子どもたちを教師はどうとらえているか、児童観は授業づくりにも大きくかかわります。

実際、普段から子どもたちと接している私たち教師は、学級全体の状況をとらえることは実は自然と身につけ、得意としています。それは学級や集団を「面」としてとらえているからです。

一方で、「あの時の、あの子のつまずきには気づかなかった」など、子どもたち一人一人の様子や状況を把握することには難しさを感じているのではないでしょうか。「点」でとらえることの難しさです。

子ども全体を「面」でとらえようとすると、一人一人である「点」が見えなくなる。逆に、一人一人を「点」でとらえようとすると、今度は「面」が見えなくなってしまう。「面」と「点」、全く質が異なるからこそ、子どもたちのとらえに難しさを感じてしまいます。

だからこそ、子どもと授業を「層」でとらえるのです。

「層」でとらえることは、「面」と「点」どちらの要素も含まれます。また、このとらえ方は学級経営や授業に活かすことができます。

まず、学級経営を例に考えてみましょう。次ページの図を見てください。

一番内側のキャラクターを先生とします。一番近くの層をA、真ん中をB、一番外側をCとします。その違いは、先生との距離を基準に3つに分けています。この距離は物理的な距離だけではなく、心理的な距離も含まれます。

例えば、先生が教卓で調べ物をしているとすぐ近くに寄ってくるような、普段から先生に何かとかかわってくるのがA層です。

子どもは「層」でとらえられる

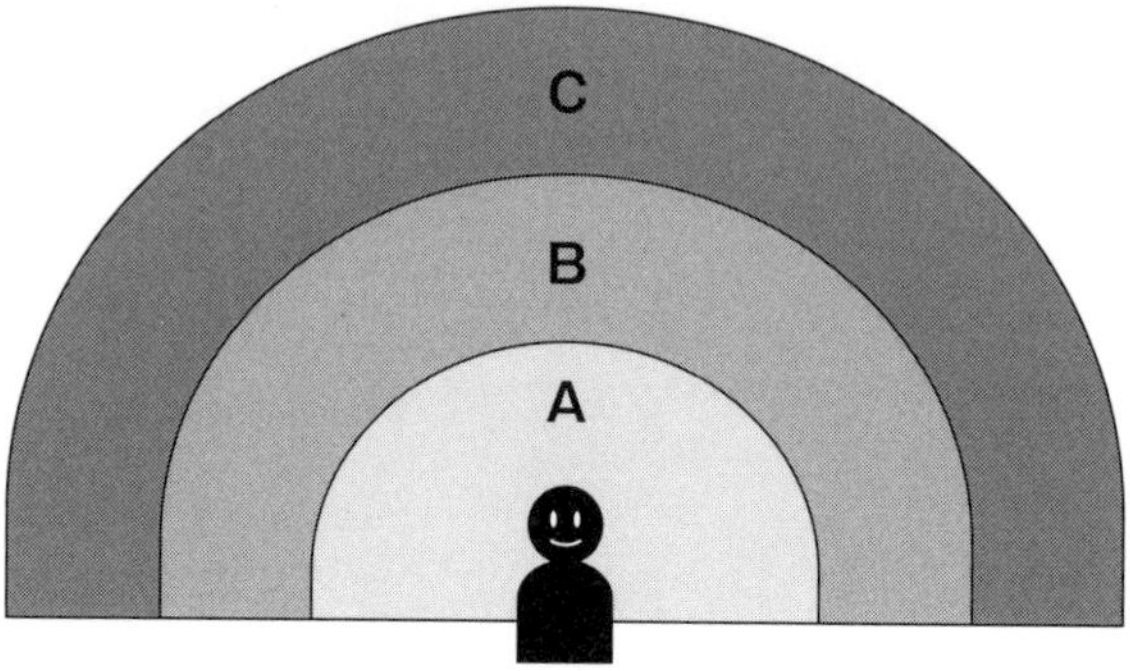

そして、毎日ではないけれど、日によって先生の方に寄ってきたりこなかったりする中間層がBです。

Cを一番イメージしやすいのは高学年でしょう。例えば、男性の先生にとって、一番接しづらくなるのが思春期にかかってくる女子だといわれます。先生との心理的距離も合わせて考えていただけると分かりやすいと思います。

発達段階や個別の学級の状況により指導方法も当然、異なってきますが、どのように学級としてまとめ上げていくかを構想するとき、この「層」という考え方を使います。

あなたが学級経営するとき、どの層を中心にアプローチをしかけていきますか？

もし自分だったらという視点でぜひ考えてみてください。

例えば、先生の立場から一番近いA層を中心にアプローチをかけていったとしましょう。一番近くにいて、いつも話しかけてくる物理的・心理的距離も近い子どもたちを中心に学級を経営すると、A層とB・C層の間で溝ができてきます。そして、こんな声が聞こえてきます。「いいよね、あの子たちだけかわいがられて」「なにいい子ぶっているのよ」…。

これではなかなか学級はまとまりません。

では逆に、一番遠いC層を中心にアプローチをかけていったとしましょう。これも同様に、C層の子どもたちを中心にすることで、A・B層とC層との間に大きな溝ができ、それが広がってしまいます。そして、こんな声がA・B層からは聞こえてきます。「私たちこんなにがんばっているのに、先生、全然見てくれない」。一方、C層からはこんな声が聞こえてきます。「先生はなんで、こっちばっかり意見求めてくるんだろう。ほっといてほしい」。集団である学級をまとめ上げるというのは本当に難しいですね。

私は、B層を中心に学級経営を進めます。B層にアプローチすることで、C層にはある変化が見られます。それはC層の子どもたちの興味・関心がちょっとだけ、教師の方に、層でいうところの中心に向くのです。A層の子どもたちとは最初から物理的・心理的距離も近いですから、関係は変わりません。むしろ、近づくばかりです。

B層へのアプローチをくり返しくり返し続けていくと、B層だけでなくC層の距離は心理的距離も含めて、ぐっと近寄ってきます。そうすると、B層の子どもたちと先生が話しているところにC層の子どもたちがサッと入ってくるという現象が起きてきます。

読者である先生方の中には経験的に「確かに、そういえば」と思われた方もいらっしゃったことと思います。

続ける中でC層の子どもたちが当初のB層まで距離が縮まったときにC層の子どもたちへアプローチをする。そうやって、ある程度の時間をかけていくことで、学級としてのまとまりができてきます。

今、学級経営を例にお話をさせていただきましたが、当然、授業づくりにおいても、アプローチという点でこの「層」を生かすことは有効です。

例えば、ある教科を例に、A層は得意としている子どもたち、C層は不得意としている子どもたちとします。

ここでも、やはり、どの層を中心に授業を構成するかが重要です。例えば、得意であるA層を中心に授業を構成し、進めていったとしましょう。A層とB・C層の間で理解の溝ができていきます。得意であるA層を中心に授業をつくることで、苦手であったり、不得意であったりするB・C層にとっては難しさを感じてしまい、授業へ意欲をもてなくなってしまいます。そのことが一つの契機となり、B・C層でできた溝は学力の二極化を生んでしまうことにもつながりかねません。学級での学びを進めたのは、結局、A層だけなのです。

では逆に、不得意であるC層を中心に進めていったとします。同様にA・B層とC層との間に大きな溝ができて、A・B層にとってみると、授業への興味がだんだんと薄れていってしまいます。

では、B層を中心に組み立てるのはどうでしょうか。B層を中心とした学習活動、発問にすることで、C層にある変化が見られます。

C層の子どもたちの興味・関心がちょっとだけ、授業に、つまり層でいうところの中心に向くのです。A層の子どもたちは最初から得意ですから、授業への興味・関心は変わりません。むしろ、近づくばかりです。

子どもは「層」でとらえられる

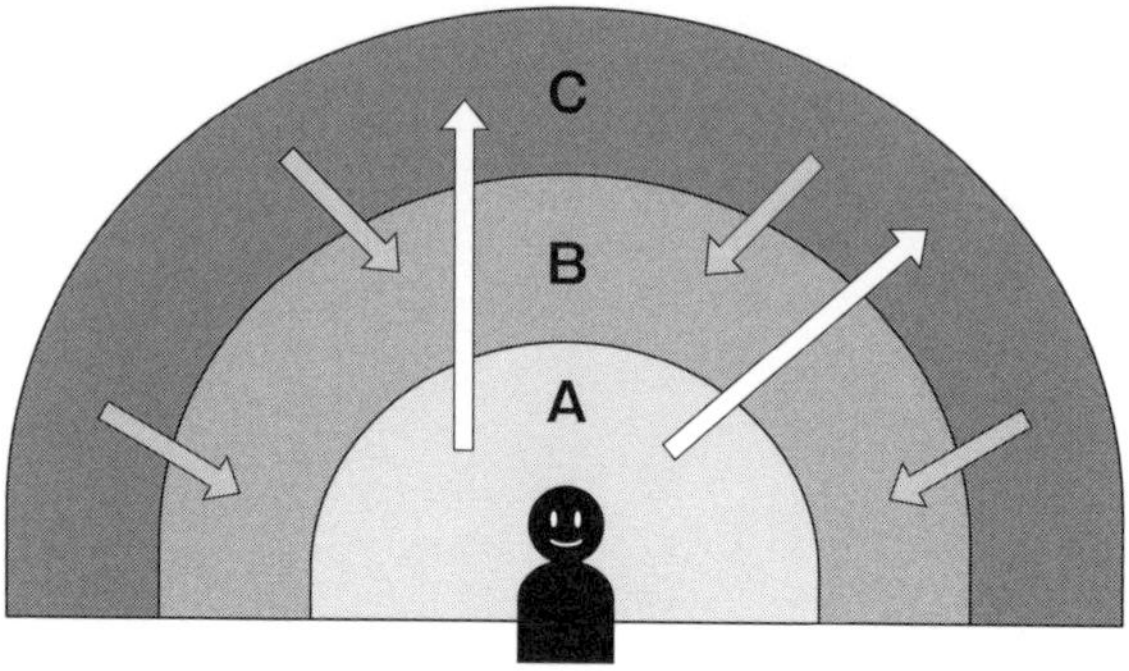

しかし、ここで学級経営とは異なるポイントが一つだけあります。それはB層の中でもC層により近い子どもたちを中心に授業を組み立てるということです。

B層へのアプローチをくり返しくり返し続けていきます。すると、B層だけでなくC層の距離は心理的距離も含めて、ぐっと近寄ってきます。そして、そのうち、発問したときに、不得意であったC層の子どもの手がサッと挙がるようになります。

C層の子どもたちの興味・関心が、当初のB層の距離まで高まったところで、C層の子どもたちへアプローチする。そうやって、ある程度の時間をかけていくことで、授業の落ちこぼしをつくることもなくできてきます。

つまり学級経営だけでなく、授業づくりにおいても、アプローチという点でこの「層」を生かすことは有効です。まずはB層、その中でもよりC層に近い部分を意識しながら、学習活動や発問づくりをする。そして、だんだんと距離が縮まってきたところで、発問や学習活動をA層へと寄せていくのです。

column
①

コラム①：私の「授業づくりノート」―教材のおもしろさを子どもに伝える―

若い頃、すばらしい授業を参観するたびに、私もこんな授業をつくりたいと強く願っていました。しかし、いざ、授業案づくりに取り組むと、実際には、形式を整えただけのものになってしまい落ち込んでしまう、そんな経験が何度もありました。

だから、かつての私は、授業案づくりが「苦」でしかありませんでした。

そんな私に、ある大先輩がこんな話をしてくれました。

「授業で、教材のおもしろさを子どもたちに伝えなきゃ。その教材のおもしろさをまずは教師が知らないと。だから、教材のおもしろさをまとめた自分だけのノートを作るといい」

それからです。私が「授業づくりノート」を書き溜めているのは。

一つの教材につき、一冊のノートを準備して、まずは、教材のもつおもしろさをまとめる。そして、教材を使った単元計画、一時間ずつ、全授業の発問と板書計画、さらには、実際に授業してみての感想と修正点を書き込んでいます。

字も乱雑で、決して、人にお見せできるほどのものではありませんが、その一部をご紹介します。

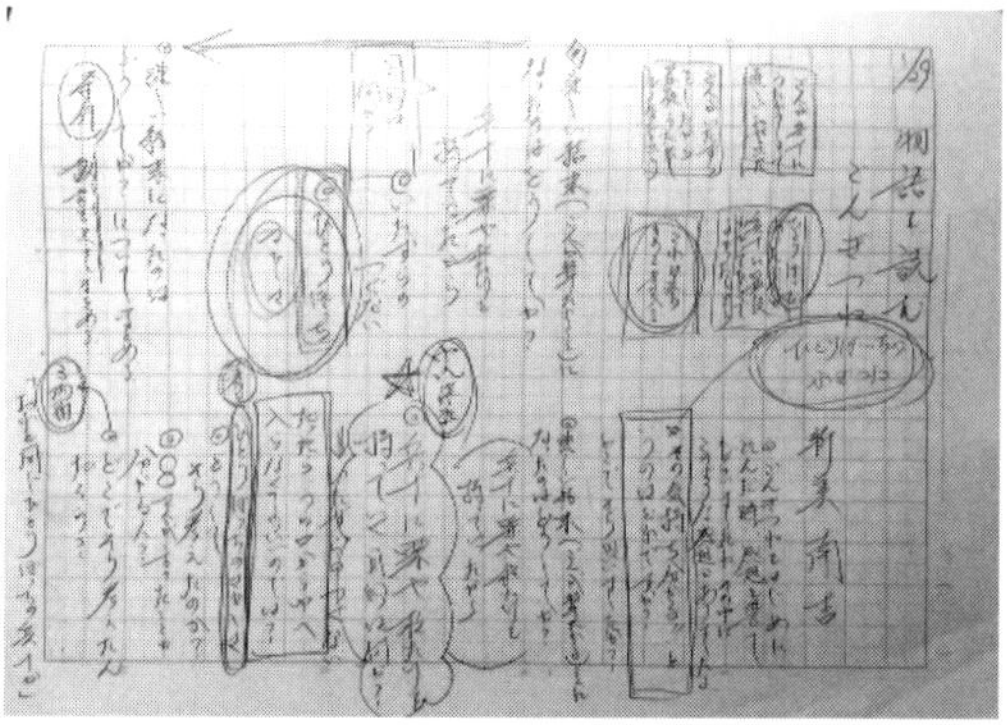

「ごんぎつね」発問と板書計画

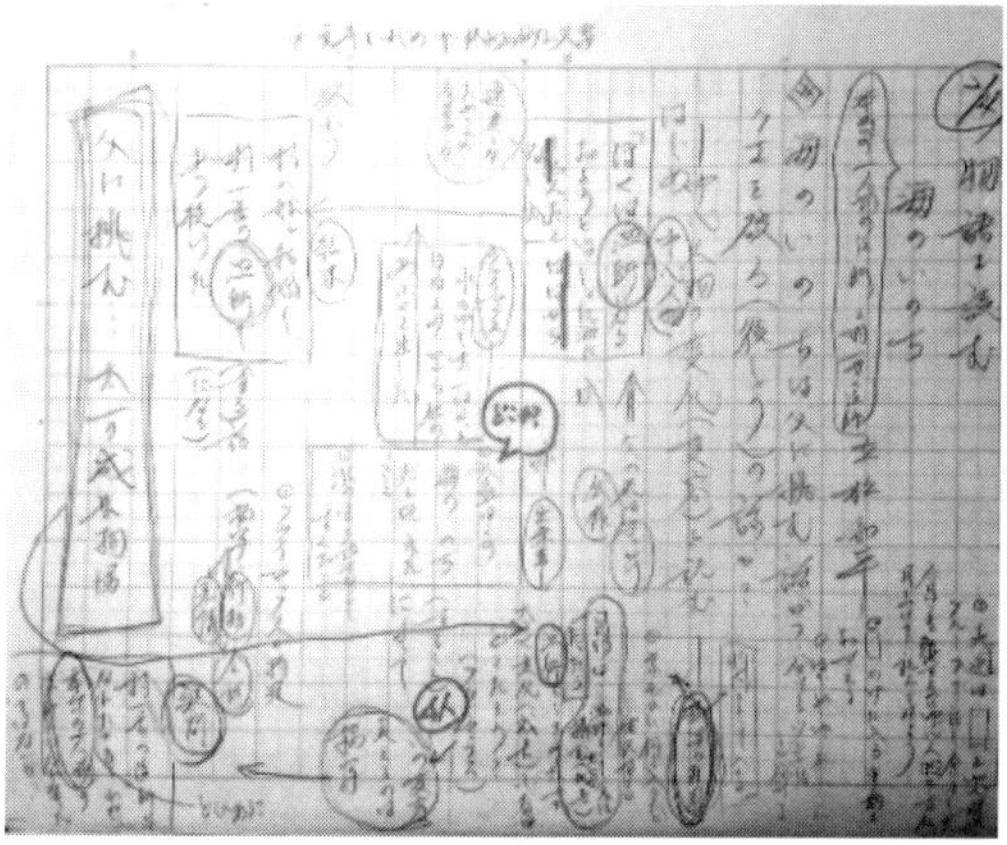

「海のいのち」発問と板書計画

一つの教材につき、一冊のノートですので、すべてのノートが最終ページまで書き込まれているわけではありません。しかし、なかには、三冊目へと入っているノートもあります。まだまだ現在進行形なのです。

私がこの授業づくりノートを書き溜め始めてから、私自身の中で、大きく変わったことがあります。それは、とにかく「教材っておもしろい」ということ。かつての私には、決してなかった、ワクワク感があります。教材に対する感動を知ったのです。

自分が感動しなければ、人に感動は伝えることができません。素材である教材に興味がわけば、自然にその周辺のことも知りたくなって、調べたくなる。このことは国語科だけに限らず、他教科でもいえることだと思います。

ふり返ると、若い頃の私は、授業案づくりの、そのほとんどを指導法検討だけに費やしていました。もちろん、授業づくりにおいて指導法をあらゆる視点から検討することは、大切な過程の一つです。しかし、かつての私は、学習活動や指導の手立てなど、具体的な授業の流れだけで授業案を形づくっていたのです。

多くの時間を費やして、練り上げた授業案でも、その背景に教師自身の教材に対する感動がないかぎり、その授業は厚みのない、説得力に乏しいものになってしまいます。

教師が「授業」という時間と空間を子どもたちと共有しながら、メッセージとして本当に伝えなければならないこと。それは、学び続けることの楽しさであると、私は考えています。だからこそ、技術優先の授業だけは避けたい。

教材ごとにノートを作るのだから、その数は、今や十数冊になっています。ノートに書かれる内容はそれぞれ違っても、ノートを開いた最初の1ページ目だけは、すべて同じ言葉が書かれています。

小説家、故井上ひさしさんの言葉からの引用です。

むずかしいことを　やさしく
やさしいことを　ふかく
ふかいことを　ゆかいに
ゆかいなことを　まじめに

Ⅱ

実践編

教師の発問が刺激となって、学びが促進する。教師の求めている解や答えを言わせる発問ではなく、「ことばの関係性」に着目させる教師の発問は、子どもの探究がはじまるきっかけとなって、学びをつくり出します。

その効果に着目すると、１時間の授業構成だけではなく、単元構成においても４つの発問を活用することができます。

ここからは、授業実践をもとに、１時間の授業における発問構成、単元における発問構成について、その役割と効果を紹介していきます。

1　1時間を通して考える4つの発問

教材名
子どもをまもるどうぶつたち（説明文）
（1年　東京書籍）

（1）教材について

本教材「子どもをまもるどうぶつたち」は、オオアリクイとコチドリの子育てを例にあげ、敵から子どもを守る知恵について並列的に説明するという構成になっている文章です。細長い口を持つオオアリクイの親は、親子の体の模様を利用して子どもを目立たなくするために、子どもを背中に乗せて運び、守っています。一方、巣を砂利の地面につくるコチドリは、敵を見つけると早足で巣から遠ざかり、鳴き声を上げ、羽を羽ばたかせます。さらには、自分がけがをしていると敵に見せかけて、敵の注意をひなからそらします。

本教材は、「どのようなちえをつかい、てきから子どもをまもるか」の問いで読み取っていくことができるようになっています。

まず、「どんな動物か」が述べられる中で「できないこと」に触れています。そこで、知恵を使うとした上で、①知恵を使って、どんなことをするのか、②何のためにそうするのかの観点に沿って説明されています。

子どもたちの認識の中にあるオオアリクイとコチドリは成長した親の生活する姿です。また、他の動物と比べて、両動物はそれほど印象に残る動物ではありません。しかし、子育ての様子は、敵から子どもを守るために、それぞれが印象的な行動を取っています。まさしく、知恵のある行動だといえます。

オオアリクイとコチドリの子どもを守る方法の違いは大きいのですが、いずれの方法にも、さまざまな知恵を使って、子どもを敵から守っているという点、そして、子孫を残し、命をつないでいこうとする営みを見いだすことができます。そのことに子どもたちは驚きとともに感動さえ覚えるでしょう。

これらの違いを挿絵と叙述を一つ一つ対応させることによって、もっているイメージはさらに具体的かつ明確になっていきます。また、子どもたちは本教材を読み、自分の生活経験を基準として「すごいな」「ここは同じだ」と比較しながら感想をもつことでしょう。本教材には、自分の経験と結びつけて、できることやできないことを比較しながらも読み進めていくおもしろさもあります。

教材の特性は、以下の３点が挙げられます。

・事例の比較
・まとめとしての⑩段落の役割
・読み書き関連

本教材は並列的に説明されていることから比較することができるところに、教材の特性があります。事例を「比較」という観点でとらえたとき、「子どもを敵から守る守り方は同じ？」「どちらの子どもを守る知恵がすごい？」が、子どもたちの問いとなります。この問いによって、オオアリクイとコチドリを比較の観点に沿った見方・考え方を働かせることができます。また、比較を通して、相違点もあれば、共通点もあることを読むことができます。

単元では、紹介カードを書くという言語活動を設定し、「読み→書く」の関連を子どもの学びの意識に入れて構成しています。「紹介」は、もの・ことを広く教え知らせる言語活動です。紹介カードに文章の中の大事な言葉を書き抜いたり、簡潔に内容をまとめたりする必然性が生じ、それらを育成するのに適している言語活動です。

（2）単元について

◆単元名

比べて、読んで、紹介しよう！

◆単元のねらい

・ひとまとまりの語や文として音読することができる。
・オオアリクイとコチドリの2つの事例の相違点や共通点、事例を取り上げた意図について、比較を通して、とらえることができる。
・比較を使って紹介カードを書くことができる。

◆指導計画（全11時間）※丸数字は時間数

第一次：題名読みや全体構成から説明されている内容を大まかにとらえ、全文を音読する。……………………③

第二次：２つの動物の特徴や子どもの身の守り方の比較をしながら、相違点や共通点、事例を取り上げた意図をとらえる。……………………⑤

第三次：他の動物の知恵や生活について、本で調べたことを、紹介カードに書いてまとめる。……………………③

◆本時のねらい（４／11）

「どっちの知恵がすごい」について話し合うことを通して、まとめとしての⑩段落の役割をとらえ、題名を使った感想をまとめることができる。

（３）授業の実際

ここでは一時間の授業の流れを示しながら、子どもの学ぶ筋道と発問という観点で、分析を加えていきます。

—段落ごとに児童が音読—

白坂　結構すらすらと読めるようになってきましたね。
今日は題名を使って感想文を書くよ。

—「子どもをまもるって、□だな。」と板書する教師—

児童　分かった！題名の「子どもをまもる」ことの感想を書けばいいってこと？

白坂　そうそう。よく気づいたね。

【きっかけ発問】この四角の中に、どんな言葉を入れますか？

—ノートに書く—

白坂　もう書けたよって人、どれくらいいる？

—半数近くの子どもが挙手する—

だったら、こんな言葉を入れたよって、お隣さんとお話してごらん。

―児童同士で意見交換をした後、全体で対話する―

白坂　四角の中にどんな言葉を入れましたか?

児童　子どもをまもるって、大変だな。

児童　あ、同じ。

白坂　A君は同じなんだ!

児童　子どもをまもるって、とてもすごいな。

児童　言われた…。

白坂　同じ人もいるんだね。

児童　子どもをまもるって、難しいな。

児童　工夫だな。

児童　命の恩人だな。

児童　いろんな感想があって、面白いね。

白坂　なるほど。いろんな感想が出てきたね。

例えば「大変」とか「すごい」とかあるけど、どうしてこの言葉を選んだの?理由を聞かせてくれ

ますか？

――挙手する児童――

白坂　Bさんはどうして「すごい」という、この言葉にしましたか？

児童　私は、オオアリクイの「子どもをせなかにのせてはこびます」とか、親と子どもの体の模様が見えなくなるっていうのが不思議ですごいなって思ったからです。

白坂　オオアリクイの模様が不思議ですごいということですね。Cさんは？

児童　どうして「工夫」って考えたかというと、オオアリクイは模様とか、コチドリはけがをしていると見せかけたりして、ちゃんと考えてるんだなって思ったから「工夫」って書きました。

白坂　なるほど。だから「工夫」を選んだのですね。D

さんは？

児童　コチドリとかはすごく考えて、こうすれば敵に襲われないとか考えたから、すごく頭を使ってるから「大変」だと思いました。

白坂　だから、「大変」なのですね。E君は、「命の恩人」でしたね。どうして？

児童　人間だと何かを守ってくれたときに「命の恩人」って言ってて、動物はさ、放っておくと敵の肉食動物に食べられちゃうけど、オオアリクイもコチドリも守ってるから「命の恩人」だなって思った。

題名を使って感想を書く活動をきっかけに、それぞれの感想と説明内容が結びつけられながら語られています。一見、この段階は説明内容の確認と情報共有の段階です。活発に意見交流されているように見えますが、まだ個々

の思いをそれぞれが表現している状態です。

白坂 今、みんなは「大変だな」「工夫している」「命の恩人」という感想とその理由をお話してくれました。この説明文には、オオアリクイとかコチドリのことが書かれているんですよね。

児童 二つの動物の知恵のことが書いてある！

白坂 そうだね。「知恵」だね。では、みんながこれを読んだときに、

【誘発発問】オオアリクイとコチドリ、どっちの知恵がすごいと思った？

―口々に発言する児童―

白坂 では、オオアリクイという人は指で1、コチドリという人は指で2、どっちもという人は3ね。指で表してみるよ。せーの！

―一斉に指で数字を表す児童―

白坂　そのまま立ってごらん。こうやって数字を見ると、結構バラバラだね。それでは、今から、違う数字の人と、お互いにどうしてそう思ったのか話してごらん。どうぞ！

―違う数字の人を見つけて意見交換をする児童、その後全体で対話する―

白坂　はじめに、オオアリクイの知恵の方がすごいなっていう人？理由を教えてくれますか？

児童　模様が親子で同じで、守ってるからすごいです。

児童　親の大きな体にどうやって小さな子どもが乗ったのか不思議。

白坂　だったら、コチドリの方がすごいなっていう人はどうですか？

児童　羽を引きずりながらよろよろと歩くからすごいな

と思います。

児童 よくけがをしている真似ができるなと思います。

児童 子どものために、相手に子どもが襲われないように、自分でけがをしているふりして、襲われるのが勇気あるなって思います。

白坂 他にもコチドリの人っていますか？

児童 普通人間てすぐ泣けるわけじゃないでしょ。でもコチドリはすぐ鳴き声を上げられるからすごいなって思いました。

児童 オオアリクイは体に乗せたとき、例えばライオンが攻めたときに全部が大人だと思って子どもごと食べちゃうかもしれないから、コチドリだと思いました。

白坂 みんな、比べながらお話ししてくれてるね。どちらもっていう意見もあるから聞いてみるよ。どう

ぞ。

児童 オオアリクイは知恵を使って、親の体の背中に子どもを乗せて歩くし、コチドリは早足で巣から遠ざかって、敵から子どもを守るからすごいなって思いました。

白坂 なるほど。

児童 オオアリクイは子どもを背中に乗せて歩くし、コチドリも知恵を使っている。どっちも知恵を使っているからすごいなと思いました。

「知恵」という観点での比較を促し、子どもを守る方法に着目することができるように意図した発問です。ここでは、「どっち？」と選択型発問を取り入れていること、違う数字（異なる意見）との交流がポイントになっています。異なる意見との交流は自分の理解や考えを確かめ

るとともに、相手の意見を聞くことを通して、自分の考えを広げ、深めることができます。
この発問によって、「どうしてこんな知恵を使うのだろう」という問いが子どもたちから引き出されました。そこで、子どもたちからの問いを生かしつつ、「だったら」の問い返し発問を使って、次の焦点化発問でねらいに迫りました。

白坂 確かに、オオアリクイもコチドリもどちらも知恵を使ってるよ。

【問い返し】だったら、親は目立っていいのかな？

児童 たしかに…。
白坂 いいの？本当に。
児童 だめ！
児童 でも親はさ、子孫を残すだけなんだからさ、子どもがいればどんどんつながっていくんじゃない。

白坂　【焦点化発問】それぞれの親はどうしてこんなことするんだろうね？

―口々に発言する児童―

白坂　はい、Gさん。

児童　子どもが大人になれるから、大丈夫なんじゃないかな。

白坂　Gさんが言いたいことって、どういうこと？

児童　親はたぶん、自分よりも子どもの方が大事なんじゃない？

児童　コチドリは子どもの方が大事だと思う。

児童　どっちもだよ！

―活発に挙手し始める児童―

白坂　どういうこと？

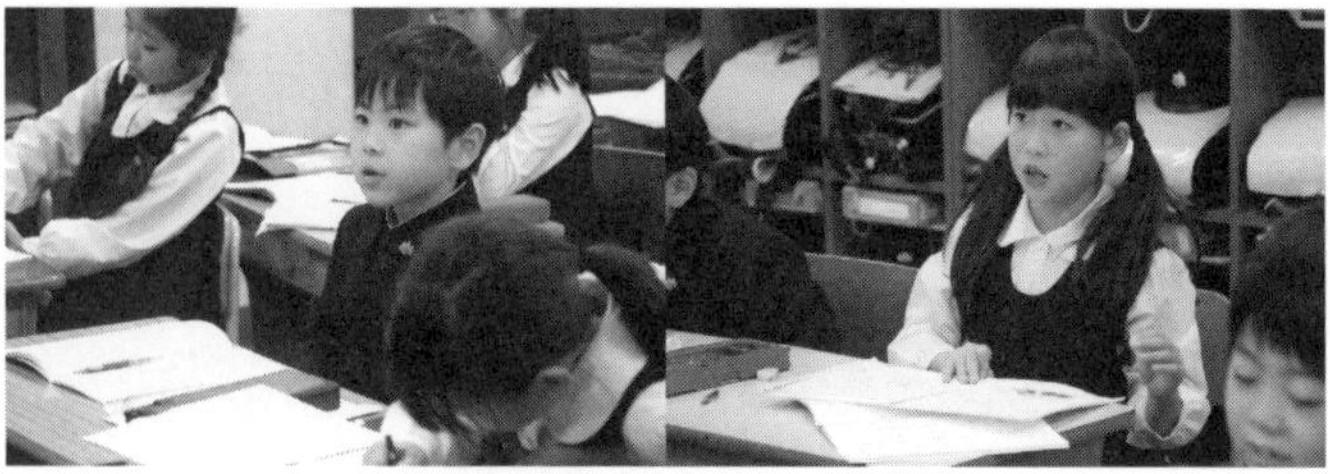

児童　子どもはまた大きくなって、それが子どもをまた産んで、それが大きくなって子どもをまた産んで、って続くから、親が死んだら悲しいけど、また新しい子どもは生きるってこと。

白坂　今H君が言ったことを、自分の言葉で言える人？　お隣の人と、どんなことを言ったか確認してごらん。どうぞ！

―隣の人と意見交換をする児童、その後全体で対話―

白坂　さっきH君が言ったことってどういうこと？　Iさんどうぞ。

児童　親が死んでも、また子どもが大きくなって、それで子どもを産んで、それでまた子どもが大きくなって、また子どもが産まれて…。

白坂　今H君とIさんが言ったこと、みんなに伝わった？

そのことを、筆者の「なるしまえつおさん」は、
どの段落に書いてるだろう?

子どもたちの反応を見ると、本時の焦点化発問によって、自問自答の作用が起こり、互いの声に耳を傾けながら、考えを交流する姿がうかがえます。

オオアリクイとコチドリの事例の比較から、子どもたちが事例の関係づけを行い共通点を見いだし、学びを深めていくことを意図しての発問でした。こうして探索的な対話が展開されたことには、焦点化発問だけでなく、その前の【問い返し】が子どもの学ぶ筋道に沿ったもの、子どもの学びに大きく寄与したととらえることができます。

―教科書の本文を読んで考える児童―

白坂　段落の番号に印をつけてごらん。

―机間巡視―

白坂　ほとんどの人が⑩段落に印をつけているようだね。⑩段落だっていう人？

―挙手する児童―

白坂　⑩段落を読んでくれる人？
　Ｊ君、⑩段落を読んでみて。

―指名された児童が⑩段落を音読―

白坂　⑩段落の、どの言葉が大切？

児童　子孫！

白坂　子孫ってどういうこと？

児童　子どものことです。

白坂　そう、命をつないでいく子どものことだね。子どもだけでなくて、孫のことも子孫には含まれますよ。

他にもこの段落で大切だと思える言葉はありましたか？

児童 知恵。

児童 命。

白坂 筆者の「なるしまえつおさん」は、⑩段落のところに「知恵」とか「子孫」とか「命」という言葉を使って、オオアリクイやコチドリのことを説明していたんだね。
みんなは、この一時間で、見事に、⑩段落の言葉に気づくことができましたね。最後に、
【再構成（再考性）発問】⑩段落にあるこの言葉を使うと、感想はどのように書けそうですか？

―「子どもをまもるって、□だな。」と板書する教師―

白坂　今Sさんが「子どもをまもる」って最初じゃなきゃいけないのって質問してくれたけど、順番は変えてもいいですよ。

―自分の考えをノートに書く児童―

白坂　書き終わった人はどれくらいいる?　まだ今日、声を聞いてない人に発表してほしいな。

児童　子どもをまもるって、命をつないでいるんだな。

児童　子どもをまもるって、知恵をたくさん使っているんだな。

児童　子どもをまもるって、子どもをつないでいるんだな。

白坂　授業の最初に書いた感想とはがらりと変わりましたね。それは、⑩段落にある筆者の言葉を受け止めて、書くことができたからです。これで終わりたいと思います。

再構成（再考性）発問によって、子どもたちは再度、題名を使って感想を書く活動を行っています。まとめが書かれている⑩段落にある知恵や子孫、命といった言葉を生かして、表現しています。

本授業で注目したいのは、【問い返し】と【焦点化発問】の場面から、子どもたちは互いの声に耳を傾けつつ、口々に発言したり、活発に挙手したりする姿が現れ始めたことです。本時の学びが子どもの学びへと転化していったことが推察されます。

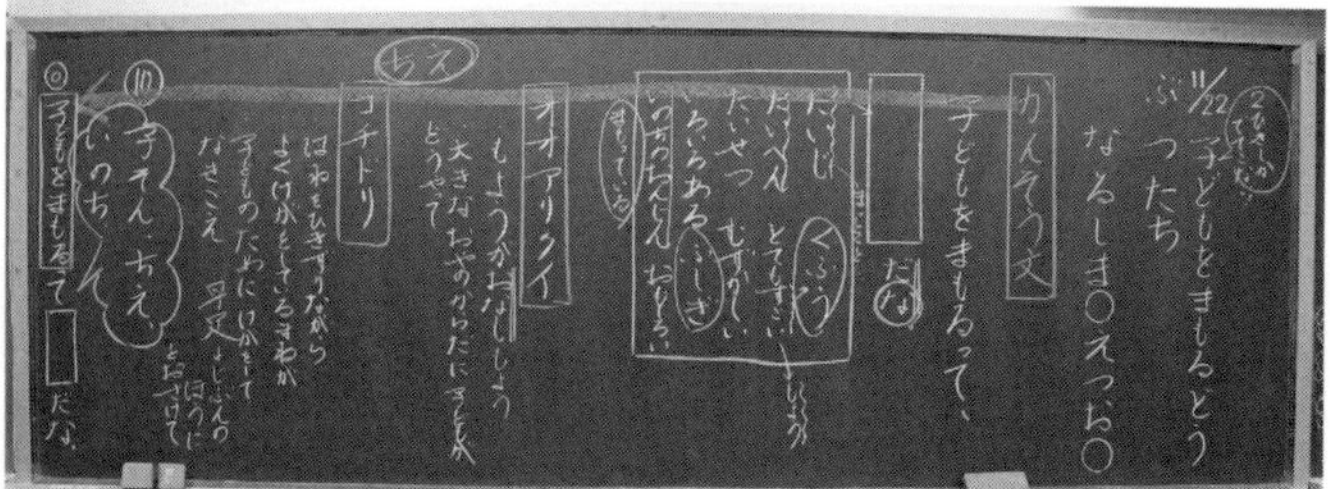

教材名

スイミー（物語文）

（1・2年　教科書全社）

(1) 教材について

本教材は、小さな魚のきょうだいたちと楽しく暮らしていたスイミーが、まぐろにきょうだいを飲み込まれ、ひとりぼっちになるものの、新しい仲間と一緒に大きな魚のふりをしてまぐろを追い出すという物語です。中心人物の様子を軸に時系列に描かれています。古典劇のもつサスペンスと解決の要素を併せ持ったストーリーで、豊かな主題性をもち合わせています。

本教材の特性は、次の3点を挙げることができます。

・シンプルなストーリー
・対比

・豊かな表現技法（比喩表現や倒置法、反復表現）

本教材には、①人物関係の対比 ②場面の対比 ③中心人物の心情・状況の対比があり、主題性を読み解く上で、有効な教科内容です。また、豊かな表現技法も見落とせません。例えば、比喩表現は作品世界のイメージに深く関わっており、読者は場面における情景や人物の様子を生き生きと具体的に想像することができます。さらに、常体で書かれた本文は、一文が短く、リズム感があるためにスイミーの人物像が強調されます。このリズムとテンポによって、読み手を作品世界へ誘いこんでいく効果があります。展開部は描写でなく叙事によって表現され、まさに詩的表現となっています。

原作者のもつ豊かな感性と美的感覚、そして訳者のもつ鋭い語感と詩情とが相まって、子どもの心をとらえて離さない物語世界を創り出しているといえます。

子どもの目から見れば、中心人物「スイミー」の勇気と知恵、そしてリーダーシップに憧れを抱くことでしょう。また、ストーリーから、みんなで力を合わせることの大切さや悲しい体験を乗り越えて成長するすばらしさなどを感想として抱くと思われます。

そこで、本教材では、中心人物の変化、変容をとらえる読み方を経験し、身体を通して学べるようペープサート劇を位置付けます。スイミーの言動に着目するとともに、場面と場面の比較から中心人物の変化、変容の因果関係をとらえる読みを展開していきます。

(2) 単元について

◆単元名

ペープサート劇をつくろう!

◆単元のねらい

・ひとまとまりの語や文として音読することができる。
・中心人物「スイミー」の変容を言動への着目、場面の比較を通してとらえることができる。
・スイミーの動きや会話文を工夫しながらペープサート劇をつくろうとする。

◆単元計画(全8時間) ※丸数字は時間数

第一次:音読に合わせてスイミーを動かしたり、出来事や人物の位置を確かめたりしながらペープサート劇をする。……………………③

第二次:登場人物の言動や場面の比較をしながら中心人物の変容や場面の様子をとらえ、ペ

ープサート劇で表現する。……………………………………⑤

◆本時のねらい（5／8）

「表現したいスイミー像についてセリフを読み比べる」ことを通して、スイミーの変容に気づき、気持ちの変化をペープサート劇で表現することができる。

（3）授業の実際

子どもの学ぶ筋と発問という観点から、ここでは、学びの局面によって状況を切り取り分析します。

単元の中心軸となっているペープサート劇で表現したいスイミー像の語り合いから授業は始まります。

【きっかけ発問】どんなスイミーを表現したいですか？

児童　元気なスイミー

児童　楽しいスイミー

児童　おもしろいスイミー
　子どもたちは口々に表現したいスイミー像を語っていきます。ここで子どもたちが立ち止まったのが次の発言の箇所でした。
児童　勇気のあるスイミー
児童　言われた。
白坂　言われた?どういうこと?
児童　まぐろが出てきて、みんな魚を食べた時、一人で勇気をもって泳いでいったから。
児童　まぐろに食べられそうになったとき、スイミーが一人ぼっちになって、泳いでいった。
白坂　勇気があるっていうのはみんな大丈夫?
児童　うん
白坂　そうだね。勇気のあるスイミー

ここでは、勇気のあるスイミーが具体的叙述と結びついて共有されています。その後も叙述を拾いながら子どもたち相互でスイミー像が練り上げられていきます。

スイミー像が子どもたちの中で共有できたところで、スイミーのセリフを集め、黒板に貼られたスイミーのセリフを順番に並び替えていきます。

すべてのセリフが４場面と５場面に出てくることを確認したところで、本時は２つの場面のスイミーを中心に見ていくことを子どもたちに伝えました。そして、誘発発問を子どもたちに投げかけています。

白坂　今、みんなで、どんなスイミーを表現したいかという話題で話し合いました。すると、勇気があるとか頭がいいと表現してくれました。

【誘発発問】このスイミーのセリフの中で表現したいスイミーが一番表れているのは、どのセリフだろう?

児童 「だけど、いつまでもそこにじっとしているわけにはいかないよ。なんとかかんがえなくちゃ」のところだと思います。

白坂 どうしてそう考えたの?

児童 みんなを励ましているから。

白坂 みんなを励ましている、みんなを励ましているからこれだと。

児童 私は「そうだ、みんないっしょにおよぐんだ。海でいちばん大きなさかなのふりして」

児童 言われちゃった。

白坂 どうしてそう考えたの?

児童 たくさん考えて、ずっと考えて、そして言ったセ

リフがそれだったから頭がいい。

白坂 さっきはAさん、言われちゃったって言ったよね。あなたの言葉で教えて?

児童 「そうだ、みんないっしょにおよぐんだ。海でいちばん大きなさかなのふりして」っていうのは、スイミーがたくさん考えて、思いついたことだから。

白坂 たくさん考えたと。

児童 「みんないっしょにおよぐんだ」っていうとこで、ちゃんと考えて、大きな魚を追い出そうって考えて、勇気を出さないとダメだから。勇気が出ているセリフだから。

一見、活発な意見交流のようにも見えますが、まだ個々の思いをそれぞれが表現している状態だといえます。

ここで焦点化発問への移行を考えましたが、スイミーの心情の変容へと学級全体の意識が広がっていないと判断し、本単元の中心軸であるペープサート劇を取り入れた活動へ移行することにしました。

白坂 みんなで、勇気のある、頭がいいスイミーを表しているセリフはどれかについて話し合っているけれど、なかなか、はっきり、すっきりしないね。

児童 どうしたらいいんだろう?

児童 全部のセリフなのかな。

白坂 みんなでペープサート劇をするんだったよね。だったら、この5つのセリフをどう読むのか、2人組で実際にやってみましょう。

4場面と5場面のペープサート劇をペアで行い、全体で2組が発表します。そして、再度、「ポイントとなる

セリフはどれか?」を問うことにしました。徐々に

・「そうだ!」

・「みんないっしょにおよぐんだ。うみでいちばん大きな魚のふりして!」

・「ぼくが目になろう。」

に子どもたちの発言が集まり、表現ポイントの焦点化が始まります。

白坂 今、みんなの意見がここに集まっているんだけれど、ⓐ小さい赤い魚のきょうだいたちって、こう言われてびっくりしなかったのかな?

児童 びっくりすると思う(複数の子どもが発言)。

白坂 どうして?

児童 だって、いきなり「みんないっしょにおよぐんだ」って言って、どうすればいいのかわからないから、びっくりしたんじゃないかな。

児童　本当の魚になっていないのにどうすればいいんだろうって赤い魚たちが思っていたときに、スイミーが「ぼくが目になろう」って言ったから、びっくりしたんじゃないかなと思う。

児童　**ⓑ「ぼくが目になろう」が一番大切だと思います。なぜなら、みんなびっくりしたというか、きょうだいの中で一人だけ、スイミーだけ黒いけど、それで勇気をもって「ぼくが目になろう」って言ったから大切かなと思った。**

ここで着目したいのは、ⓐの問い返しです。この問い返しによって、子どもたちの発言、つぶやきが変化し、客観的な視点から小さな赤い魚の兄弟たちに同化した視点で、意味づけようとした発言が続くことになります。

また、ⓑの発言は授業の流れを大きく変えた発言で、授

業の最終局面でも多く取り上げられた発言です。「スイミーだけが黒い」という設定に目を向けて、勇気と結びつけた発言は、「ぼくが目になろう」はとても大事なセリフではないかという自問を呼び起こすことになりました。

ペープサート劇の取り入れと視点の切り替えによって、子どもが学びの筋道をつくり始めていることが分かります。子どもが言葉による見方・考え方を働かせ始めたといえるでしょう。

「ぼくが目になろう」のセリフに子ども自らが着目した動きは、教師が望んでいた姿です。このセリフに着眼することで、場面の関係づけがなされ、スイミーの人物像は膨らみ、世界観を楽しむことができると考えていたからです。そこで、着眼だけで終わるのではなく、スイミー変容の意味づけへとつながり、発展していくのでは

ないかと考え、次のように展開しています。

白坂　「ぼくが目になろう」というセリフをみんなが見始めていますね。

ⓒ【焦点化発問】「ぼくが目になろう」と言ったときスイミーは、大きな魚が怖くなかったのだろうか？

児童　本当はちょっと怖いけど、みんなが楽しく暮らしていくためには、がんばらないといけないと思ったんじゃないかな。

児童　「ぼくが目になろう」ってことは一人しか、スイミーだけが目にならないと大きな魚を追い出せなかったから、勇気を出して言った。

児童　一人だけ黒いし、目立つから言った。

X児：みんなが楽しく暮らしていくためには、大きな魚になるこの方法しかなかったから。

ⓒの発問が、本時の焦点化発問です。子どもたちの学びを刺激し、スイミーの心情をとらえ、子どもたちが他の場面との関係づけを行い、学びを深めていくことを意図しての発問でした。

子どもたちの反応を見ると、間違いなく自問自答の作用が起こっていることがうかがえます。これは、子どもの主体が立ち上がった状態だといえます。傍線の「みんなが楽しく暮らしていくためには」の発言には、仲間を食べられ、ひとりぼっちで寂しい、悲しいという思いが表現されています。また、「一人だけ黒い」という部分にも自己否定から自己肯定への変化を見たのだといえます。こうして探索的な対話が展開されたことは、ⓒの発問が子どもの学ぶ筋道に沿ったもの、子どもの主体の立

ち上がりに大きく寄与した発問としてとらえることができます。

焦点化発問をきっかけに、子どもが場面の関係づけを行い、言葉による見方・考え方を働かせ、自らの学びへと転化したことが推察できます。

授業の最終場面は、学習の振り返りを行いました。振り返りの観点は、「心に残った友達の発表」です。これによって、子どもの学びの筋道がどのように形成されていいたのかが明らかになるからです。短い時間でしたが、振り返りをノートに記述し、全体の場で発表しました。

【再構成（再考性）発問】今日の授業で、友達のどの発表が心に残りましたか？

児童　Xくん。

児童　言われた（複数）。

白坂　どういうこと？

児童　みんなのことを全部まとめているから。

白坂　まとめている？

児童　最後の「こわくなかったのかな」ってところで、みんなが泳ぐのが速いとか、みんな一緒に遊びたいとか言ってて、最後Xくんがそれを全部まとめていた。

児童　Zさん。だって「こわくなかったのか」というところを自分で発表してから、もう一度くり返しというか、続きを言ってまとめていたから。

注目したいのは、傍線部にも表れているように、多くの子どもたちがX児を取り上げていることです。ここでの発言は、「スイミーはこわくなかったか」の【③焦点化発問】の場面「ぼくが目になろう」というスイミーの

セリフへの着目を促した発言と繋がっていることが分かります。

　つまり、この発言から本時の学びが子どもの学びへと転化していったことが推察されます。授業の前段では、子どもたちの思考が自由気ままに動いていますが、それらが徐々に一つの問題に集まり、子どもの学びの筋道が形成されていった授業展開であったと言えます。

教材名

歯がぬけたらどうするの（説明文）

（平成27年度版　1年　東京書籍）

（1）教材について

説明文「歯がぬけたらどうするの」（平成27年度版東京書籍一年下）は、歯が抜けたとき、大人の歯への願いを込めてどのようにしているかについて、世界各国の方法を紹介した説明文です。

①~③段落は「はじめ」であり、②段落では日本での「やり方」とそこに込められた「願い」が紹介されています。

④~⑩段落の「中」には他の国のやり方が紹介されています。中国、イギリス、メキシコ、レバノン、バングラデシュと事例の数としては5か国です。その中で、他の国が1段落で説明されているのに対し、中国とメキシコだけは、2段落で説明されています。

また「はじめ」の部分の書きぶりと異なり、「中」の部分は一人称（ぼく・わたし）の語りで書かれています。比較・関係づけの観点としては、「はじめ」で示された「やり方」と「願い」という観点、「はじめ」と「中」との語りの違いの観点が挙げられます。

本教材の特性は次の３点です。

・事例数の多さ
・一人称の語りによる本論部
・②段落を生かした言語活動（紹介）

指導に当たっては、教材がもつ特性を生かして、「日本のやり方を紹介する」という言語活動を設定しました。その際、④〜⑩段落の説明内容を話題とし、比較することを通して共通性をとらえ、表現に拓く読みを展開するようにしました。

（２）単元について

◆単元名

日本のやり方を紹介しよう！

◆単元のねらい

・ひとまとまりの語や文として音読することができる。
・5つの事例を比較することを通して、やり方に込められた共通のねがいがあることをとらえることができる。
・②段落を生かして日本のやり方を紹介することができる。

◆指導計画（全6時間）※丸数字は時間数

第一次：題名読みや全体構成から説明されている内容を大まかにとらえ、全文を音読する。……②
第二次：それぞれの国のやり方を動作化し、5つの事例を比較することを通して、やってみたいやり方とその理由について話し合う。……③
第三次：まとめの文について話し合い、終わりの文をつくる。……①

◆本時のねらい（5／6）

どの国のやり方をしてみたいかを話題とし、話し合うことを通して、5つの事例に込められた共通のねがいがあることをとらえ、日本のやり方を紹介することができる。

具体的な授業の流れを示しながら4つの発問構成について解説したいと思います。

(3) 授業の実際

【きっかけ発問】国と感想カードをつなげることができますか?

ここではまず、国名と感想カードをつなげることを通して、板書で全体構成を確認しました。国名と感想カードをつなげていくと、子どもたちの方から「あっ、仲間はずれが一つある」「日本だけ他の国と違う」「日本だけがない」と比較・関係づけした意見が出されてきました。

教師の側である仕掛けをしていたのです。不足の状況を板書等で可視化することで、日本だけが一人称の語りになっていないことに気づかせ、語りを創る(言語化する)必要性を高めました。

そこで、音読を通して、日本だけが一人称(ぼく・わたし)の語りになっていないことを確認し、本時の最後では日本のことを紹介する語りを創るという言語活動を設定し、授業の見通しをもたせるようにしました。そのために、「中」で書かれた事例を読むようにします。

【誘発発問】もしするとしたら、どの国のやり方をしてみたい？

事例数が多く、対比関係にあるという教材の特性を生かして、どの国のやり方をしてみたいか、その理由を話し合うことを通して、それぞれの国のやり方の特徴を、さらに板書で整理しました。

ここで比較（比べる）することで、相違点さらには共通点に着目することができます。子どもたちの授業への参加度を上げ、表現への自信や欲求を高めるためにある手立てを行いました。

例えば、中国を①、イギリスを②…とした上で、どの国のやり方をしてみたいかを数字で示し、立つように促すのです。そこで「どうしてその国のやり方をしてみたいと考えたか、違う数字の友だちとお話ししてごらん」と促すのです。

ここでのポイントは「違う数字（異なる意見）との交流」です。異なる意見と交流することを通して、自分の理解や考えを確かめるとともに、相手の意見を聞くことを通して、自分の考えを深め、広げることができます。適度な意見のずれと緊張感があるからです。

全体で交流する際、「どうして？」「どこで？」の問い返しを意図的に使い分けます。「どうして？」を問い返すと、子どもたちは理由を話し始めます。また、「どこで？」と問い返すことで、子どもたちは教材の本文に立ち戻ります。国語科において「どこで？」の問い返しは根拠を明確にする有効な問い返しだといえます。

子どもたちの意見は「歯の妖精にあってみたいからイギリスかな」「金の歯が欲しいから、ぼくはレバノンかな」「お金までくれるから、メキシコがいい」等とかなり広く分かれたこともあり、それぞれの国のやり方をまんべんなく、押さえることができました。

また、この発問によって、「歯がぬけたときにすることには、どうしていろいろなやり方があるのだろう」という問いが引き出されました。

【焦点化発問】でも、どうしてこんなことするんだろうね？

特徴的なのは、「でも」と切り出したところです。「でも」と切り出すことによって、逆の立場をあげ、考えをゆさぶるようにしました。すると、それぞれの事例に共通する、「おとなの歯がはやくはえてきてほしい」「じょうぶな歯がはえてほしい」という歯がぬけたときの「願い」のある②段落へと焦点化されました。

子どもたちが②段落に着目して、それぞれの国でやり方は異なるけれども共通した願いがあるという見方・考え方が明らかになったところで、本文を生かして言語化するために、はじめの課題に立ち戻り、次のように指示・発問を出しました。

【再構成（再考性）発問】日本のやり方を紹介しよう。どうお話するかな？

最後に、④「再構成（再考性）発問」です。本時の学びを生かして、表現に拓きます。最終的に何が言えるのか、次に生かしたい学びは何かなど、学びの過程をふり返ります。

ここでは「一人称の語り」という教材の特性を軸とした活動です。子どもたちはそれぞれの生活経験に根ざしたやり方について日本のことを一人称の語りを生かして、以下のように紹介することができました。

ぼくは、上の歯がぬけると、えんの下に歯を置いて、下の歯がぬけると、屋根の上にぬけた歯を思いっきり投げるよ。そして、「早く新しい歯が生えますように」ってお願いするんだ。

私は、上の歯がぬけると家の下に歯を投げるの。そして、もし下の歯がぬけるとやねの上にぬけた歯をなげるの。そうすると、新しい歯が早く生えてくるってお母さんに教えてもらったんだよ。

2 単元を通して考える４つの発問

教材名

ごんぎつね（物語文）

（4年　教科書全社）

（1）教材について

本教材「ごんぎつね」は、ひとりぼっちの小ぎつねであるごんが、兵十に対していたずらのつぐないを重ねながらもすれ違い、最後の場面、兵十に撃たれたときに初めて、つぐないをしていたのがごんであったことを分かってもらえる話です。

ごんと兵十のかかわりは、本教材の中心でもあります。そこで注目しておきたいのが、語り手の視点です。語り手の「わたし」は、ごんに寄り添っていますが、最後の6の場面では、視点が兵十に変わります。視点が変わることで、読者は初めて兵十の思いに触れることになり、ごんと兵十のすれ違いの大きさをとらえることができるのです。ごんにとっては、自分と同じひとりぼっちの兵十であり、つぐないの対象でした。しかし、兵十から見ると、ごんは、うなぎを盗んだ「ぬすとぎつね」にすぎなかったのです。そこに、ごんと兵十の二人の距離の深い溝が見受けられるのです。また、視点の転換があることで、ごんを撃った兵十の内面的な悔恨の大きさが伝わってきます。つまり、そこからごんと兵十の、二重の悲劇性が見いだせるのです。この視点の転換によって、中心人物がごんから兵十へ変わったととらえる子どもたちも少なくありません。

なお、冒頭の「これは、わたしが小さいときに、村の茂平というおじいさんから聞いたお話です」から始まる民話的な語り口からは、「ごんぎつね」がこれまで多くの人々によって語り継がれてきた伝承の物語であることが分かります。では、なぜ、ここまで語り継がれてきたのか?なぜ兵十は、ごんのことを話したのだろうか?この「語りの構造」に着眼すると、物語はごんが兵十に撃たれる悲しい話だけでは終わらないことが分かります。

（2）単元について

「兵十はごんのことをだれかに話したのか？」を問うことを通して、冒頭の一文に着眼した授業を展開しています。ごんの行為を知った兵十が最初に語り始め、それを聞いた村人が代々語り継いできたと考えられ、その後の2人の因果関係が書き出しの一文に集約されていることに子どもたちは気づきます。

◆単元計画（全10時間）

次	時	中心発問	発問のねらい
一	1 2	**【きっかけ発問】「たった一文だけ残すとしたら？」** 「ごんぎつねはどのようにかかれている？」	○一文残すことを話題に感想を交流し、単元の課題を設定する。 ○時・場所・人物・出来事・繰り返しをとらえ、共通の土台をつくる。

二	7 6 5 4 3	**【誘発発問】「ごんは、はじめとおわりで変わっている？」** 「ごんは、どうして撃たれることになったのか？」 「ごんは、なぜこんなにもつぐないをしたのか？」 「つぐないをする間、ごんは、いたずらをしなかったか？」 **【焦点化発問】「ごんの気持ちは兵十に伝わったか？」**	○中心人物ごんの心情の変化、視点人物がごんから兵十へ変わっていることをおさえたい。 ○ごんが撃たれるという結末になったのは、いたずらか、ひとりぼっちかを論点として話し合う。 ○ひとりで住んでいるごんと母を亡くした兵十を比較し、つぐないについて話し合う。 ○4・5の場面を取り上げ、かげぼうしをふむなど兵十への思いが強くなっていることを押さえる。 ○6の場面を取り上げ、ごんの気持ちが兵十に伝わったところはどこかについて話し合う。
三	10 9 8	**【再考性（構成）発問】「兵十はごんのことを誰かに話したか」**（本時） 「ごんぎつね」はごんと兵十の悲しいお話か？」	○冒頭の一文に着眼し、その後の兵十の語りをまとめる。 ○課題に対する自分の考えを文章化してまとめる。書いた文章は友達と交換して読み合うなど考えを交流する。

(3) 授業の実際（第三次　8/10）

(1) 授業のねらい

「兵十はごんのことを誰かに話したのだろうか？」について話し合うことを通して、冒頭の一文の役割に気づき、兵十の心情を語りとしてまとめることができる。

(2) 授業の展開

【きっかけ発問】ごんの気持ちが兵十に伝わったのはどの場面でしたか？

児童　6の場面
白坂　そうだね。6の場面だね。詳しく言うことができる？
児童　ごんは、ぐったりと目をつぶったまま、うなずいた後に兵十は、火なわじゅうを、ばたりと取り落としている。ここでごんの気持ちが兵十に伝わったことが分かる。
児童　そうそう。（複数児童がうなずく）
白坂　この6場面で、兵十は栗や松たけを持ってきていたのがごんぎつねであるということが分かるんですよね。

【誘発発問】兵十はごんのことを誰かに話したのだろうか？

児童　話してはいないと思う。

児童　いや、話したと思う。

白坂　どこでそう考えたの？

児童　あ、絶対に話した。証拠がある。最初の文に「これは、わたしが小さいときに、村の茂平というおじいさんから聞いたお話です。」とある。

白坂　兵十がごんのことを話したかどうか分かるのはどうして？

児童　だって、わたしは村の茂平というおじいさんから話を聞いたんでしょ。ということは、兵十が誰かに話さないと始まらない。

児童　兵十が誰かに話したことで、「ごんぎつね」はどんどん伝わっていったお話なんだと思う。

「兵十はごんのことを誰かに話したか」を話題とし、自分の考えを発表させることを通して、問い意識を高めるようにしています。ここで着目したのが、冒頭の一文です。この一文から語り手「わたし」によって物語られていること、ごんぎつねが語り継がれてきた伝承の物語であることを確認します。

この発問によって、「兵十は、ごんのことを誰に話したのだろう、どうしてごんのことを話したのだろう」という問いが引き出されました。

【焦点化発問】兵十は誰に、何を話したのだろうか？

ここでは兵十がだれに話したのか、どんな話をしたのかについて考えを交流しています。

児童　わたしが小さいときに茂平からお話を聞いているから茂平だと思う。

児童　くりや松たけのことを知っているのは加助だけだよ。

児童　4と5の場面で兵十が栗や松たけのことを話しているから、やっぱり加助なんじゃないかな。

児童　確かに、ごんぎつねの中の登場人物で考えると、加助に最初に話した可能性が高い。

白坂　だったら、兵十は加助に何を語ったんだろうね？

児童　栗や松たけを持ってきたのは、神さまじゃなかったんだよ。実はごんぎつねだったんだよってことかな。

児童　ごんぎつねをうってしまったということも話すと思う。だって、最後の6の場面で火なわじゅうをバタリと落としていてショックも大きいから、そのことも加助に話したのではないかな。

児童　はじめはぬすっとぎつねと思っていたのに、栗や松たけを持ってきていたのは実はごんぎつねだったということを加助に話したと思う。

ここでは子どもたちの考えを自由に交流することができるようにするために、子どもたちの中継地点となってつないでいくことを心がけています。また「だったら、兵十は加助に何を語ったんだろうね？」と問い返し、思考を深めるようにしています。

【再構成（再考性）発問】兵十は何を語ったのだろう？

ここでは、兵十が加助にだけ「くりや松たけ」のことを４・５の場面で話していることを取り上げ、「そうそう。なあ、加助。」を書き出しとして、兵十の語りを表現するようにしています。

児童作品ではごんを撃ったこと、ごんがまたいたずらをしにきたと決めつけてしまったこと、違いはありますが、子どもたちが表現した加助への語りには、栗や松たけをもってきていたのは神様ではなく、実はごんぎつねだったということ、そして、兵十の後悔があらわれています。

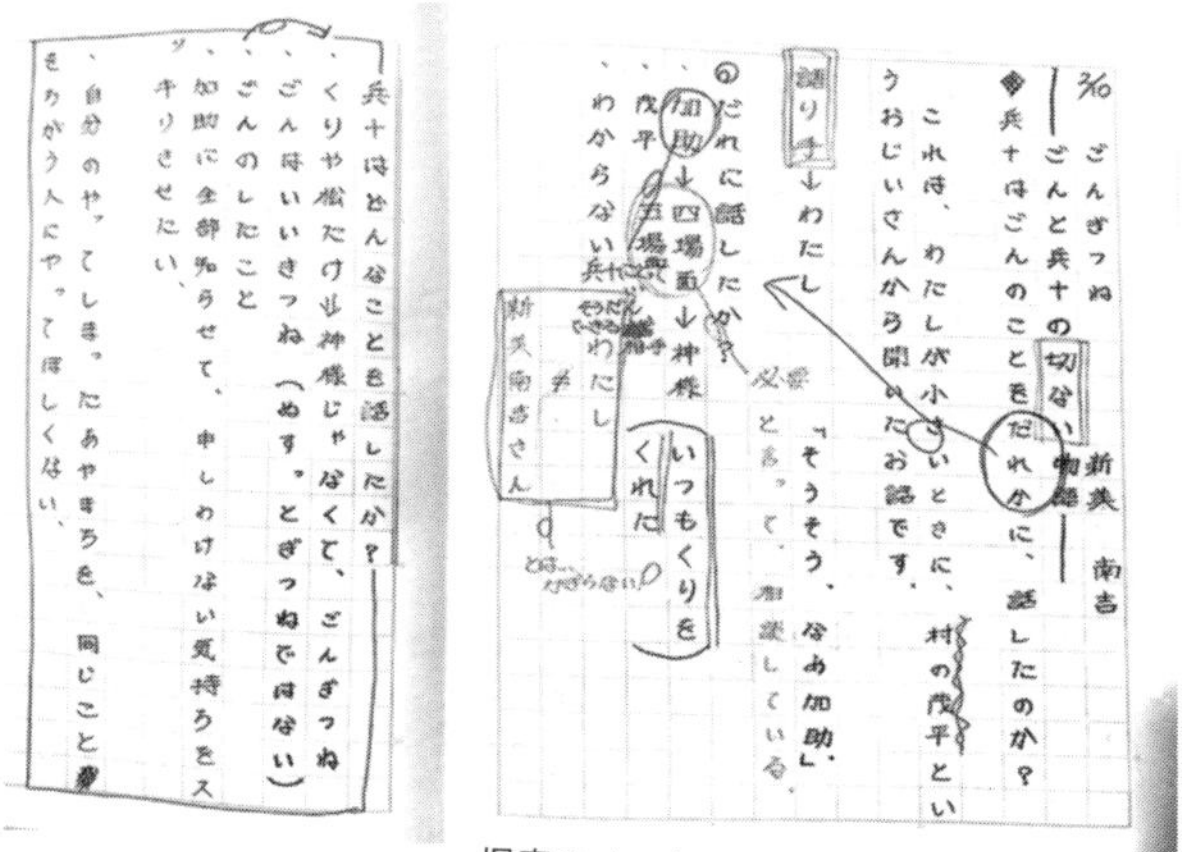

児童のノート

児童作品例

「そうそう。なあ、加助。おれはな、前にも話したくりや松たけをくれたものがだれか分かったんだ。それはな、ごんぎつねだったのだよ。ごんはぬすとぎつねじゃなかったんだよ。でもな、おれはごんをうってしまった。こうかいしているよ」

「そうそう。なあ、加助。あのとき、くりや松たけをくれたのは、神様じゃなく、ごんだったんだよ。だけどおれは、またいたずらをしにきたとかんちがいして、ごんをうってしまったんだ。なんであのとき、ごんがいたずらをしにきたと決めつけてしまったのか」

column
②

コラム②：赤い彼岸花の意味するものは？

彼岸花といったら、みなさんは何色を思い浮かべるでしょう？

現在は黄色や白といった彼岸花も見られるようになりましたが、多くの方が赤色を思い浮かべるのではないでしょうか。

「ごんぎつね」では、2の場面に赤い彼岸花が描写されています。この物語には、至る所に赤色が描かれています。直接的な表現ですと、赤い彼岸花の他に「赤い井戸」「赤いさつまいもみたいな元気のいい顔（兵十）」などを挙げることができます。このことによって、それと対照的な色で表現されている「白いかみしも（2の場面）」や「青いけむり（6の場面）」の描写はいっそう引き立ちます。

秋、特に彼岸の頃の象徴である彼岸花。花言葉はいったい、何だと思いますか？

彼岸花の花言葉は「再会」です。他にも「悲しい思い出」などがあります。赤い彼岸花が、この場面を象徴しているかのようです。

2の場面の役割を考えますと、ごんと兵十とのここでの「再会」を機に、物語は展開していきます。ごんが穴の中で兵十のおっかあや自分のしたいたずらのことを考え、そこから兵十へのつぐないが始まります。

「ごんぎつね」の授業で「物語を詩に表現しよう」という単元を組んだとき、ある子は2の場面に着目しました。

「どうして、この場面を選んだの?」

と理由を尋ねると、その子は次のように答えました。

「だって、先生、ここで兵十とごんぎつねが会ったことで、お話が展開しますよ」

兵十とごんぎつねが再会するこの場面の重要性に目を向けたのです。その子は次のような俳句を使って詩画にまとめました。

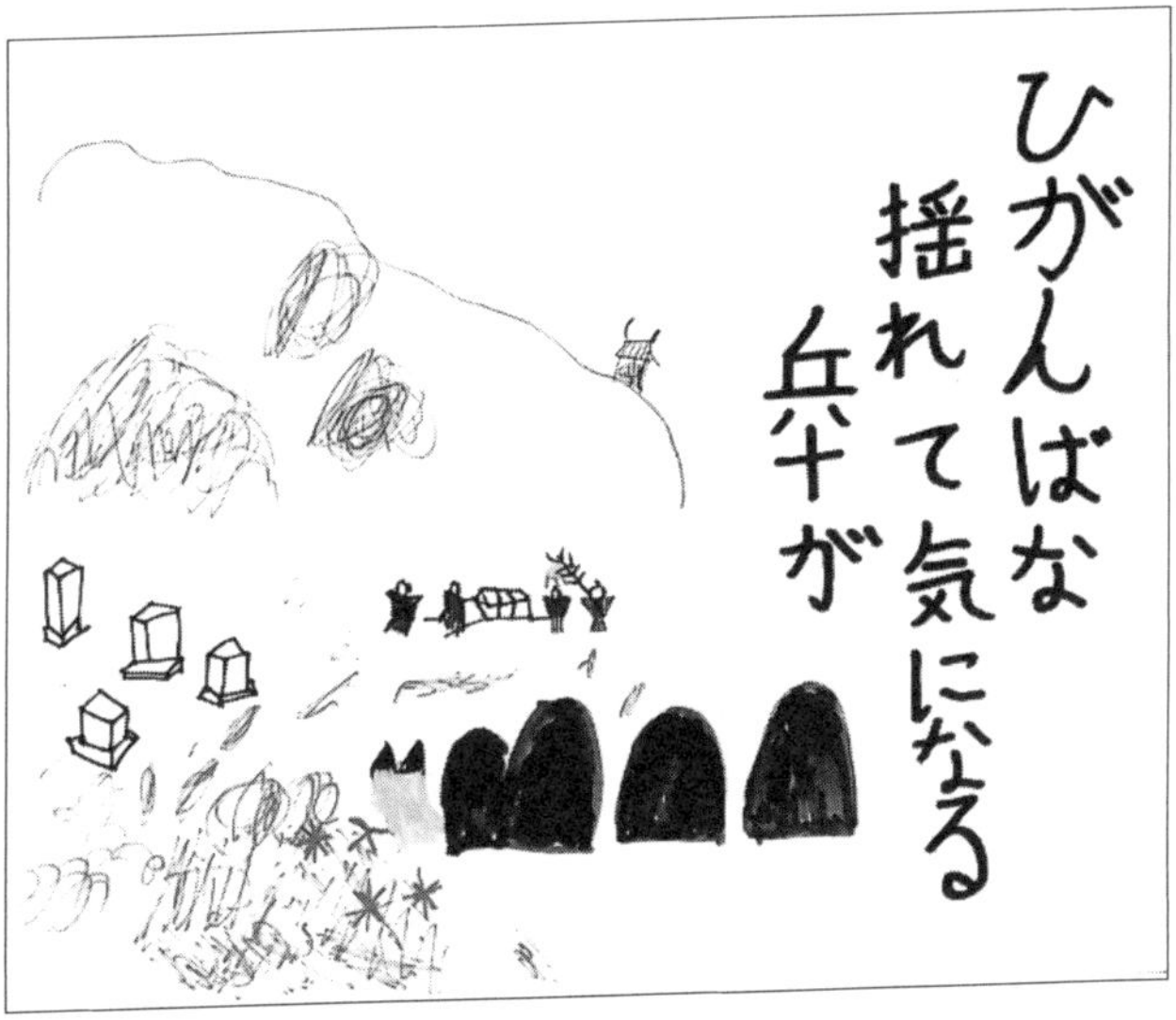

この場面には、他にも六地蔵が描かれています。六地蔵は、道ばたなどに並べられ、道路の守り神として、当時、信仰の対象であったようです。また「世の苦しみを救う、生と死の境で人々を救済する」という意味・目的があったようです。

2の場面に描かれている彼岸花と六地蔵の意味。「再会」「生と死の境で人々を救済する」を読者として私たちがこのように知ると、2の場面は、この物語全体を象徴する場面として思えてなりません。

Ⅲ

教材別　４つの発問例

教材分析や子どもの実態によって、ねらいや発問はいくつものバリエーションが考えられます。

ここでは、1つの例として、教材ごとに４つの発問例を紹介します。

単元 大きなかぶ（1年）

発問	内容
きっかけ発問	お話のいいところは？
誘発発問	登場人物はだれ？
焦点化発問	ねずみが一番の力持ち？
再構成（再考性）発問	おじいさんたちはこの後、どんなお話をしただろう？

単元 お手紙（2年）

発問	内容
きっかけ発問	好きな登場人物はだれ？
誘発発問	このお話で、かたつむりくんはどれだけ大切？
焦点化発問	がまくんがうれしいのは、お手紙をもらったこと？お手紙に書かれていたこと？
再構成（再考性）発問	お手紙が届くまでの4日間、がまくんとかえるくんはどんなお話をしたのかな？

1時間

かさこじぞう（2年）

きっかけ発問	じぞうさまがじさまとばさまに届けたものは何？
▼	
誘発発問	じぞうさまが届け物をしたじさまとはどんな人物だろう？
▼	
焦点化発問	じぞうさまがばさまも探しているのはどうしてだろう？
▼	
再構成（再考性）発問	じさまとばさまはどんな人物だろう？

単元

わすれられないおくりもの（3年）

きっかけ発問	「わすれられないおくりもの」とは何だろう？
▼	
誘発発問	あなぐまは、どんな人物？
▼	
焦点化発問	題名の「おくりもの」は「思い出」に言いかえてもいい？
▼	
再構成（再考性）発問	「ありがとう、あなぐまさん」の後、もぐらは、どんな言葉を言ったのだろう？

単元 白いぼうし（4年）

きっかけ発問
松井さんは、どんな人物？

誘発発問
物語を人物関係図にまとめると？

焦点化発問
それぞれの登場人物にとって、「白いぼうし」はどういうもの？

再構成（再考性）発問
「白いぼうし」を紹介文（ポップ・本の帯）にまとめると？

単元 大造じいさんとガン（5年）

きっかけ発問
この物語でたった一文だけ残すとしたら？

誘発発問
3つの計略で、大造じいさんの、ガンを獲りたい気持ちは同じ？

焦点化発問
大造じいさんの、残雪への思いが見える情景描写はどれ？

再構成（再考性）発問
お気に入りの場面を詩に表現すると？

1時間　世界でいちばんやかましい音（5年）

きっかけ発問	誘発発問	焦点化発問	再構成（再考性）発問
世界でいちばんやかましい音を聞きたい王子様の気持ちは大きい？小さい？	世界中の人々の聞きたい気持ちは？	世界でいちばんやかましい音を聞くことができなかった王子様が怒らなかったのはどうしてだろう？	王子様は、その後、王様にどのように話しただろう？

単元　海の命（6年）

きっかけ発問	誘発発問	焦点化発問	再構成（再考性）発問
この物語でたった一文だけ残すとしたら？	太一に大きな影響を与えた人物はだれ？	「本当の一人前の漁師」と「村一番の漁師」は同じ？	「海の命」を詩（ポップ）で表現すると？

単元 じどう車くらべ（1年）

きっかけ発問	誘発発問	焦点化発問	再構成（再考性）発問
（題名に着目して）どんなじどう車が、どのようにくらべられていますか？	どのじどう車が一番すごい？じどう車ランキングをつくろう！	それぞれのじどう車のしごととつくりを入れ替えてもいい？	「そのために」を使って、○○号を書くと？

単元 どうぶつの赤ちゃん（1年）

きっかけ発問	誘発発問	焦点化発問	再構成（再考性）発問
ライオンとしまうまの赤ちゃんのすごいところは？	それぞれの赤ちゃんについて、表にまとめると？	ライオンとしまうまは、どんな関係になっている？	ライオンとしまうま、カンガルーでは、どの動物が一番すごい？

単元　ビーバーの大工事（2年）

発問	内容
きっかけ発問	ビーバーのすごいところは？
誘発発問	どの仕事が一番大変そうですか？
焦点化発問	ビーバーの巣づくりは大工事ですか？
再構成（再考性）発問	順序を使って、生きもの図かんにまとめると？

単元　たんぽぽのちえ（2年）

発問	内容
きっかけ発問	題名「たんぽぽのちえ」を使って、問いの文をつくろう
誘発発問	「たんぽぽのちえ」には、どんなちえがいくつある？
焦点化発問	どのちえが一番すごい？
再構成（再考性）発問	順序を使って、ある日の出来事を書くと？

単元 すがたをかえる大豆（3年）

きっかけ発問	誘発発問	焦点化発問	再構成（再考性）発問
文章を「はじめ―中―終わり」に分けると？	どの大豆のくふうが一番すごい？	「また」「さらに」は、「そして」と言い換えることができる？	事例の順序と接続語の働きを使って、「すがたをかえる○○」を書くと？

単元 くらしの中の和と洋（4年）

きっかけ発問	誘発発問	焦点化発問	再構成（再考性）発問
文章を「はじめ―中―終わり」に分けると？	和室と洋室の良さを表にまとめると？	文章には、良さだけが書かれていて、不便さが書かれていない？	対比を使って、私のくらしの中の和と洋をまとめると？

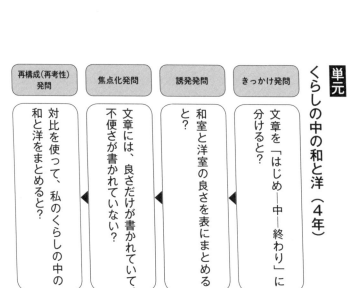

単元　想像力のスイッチを入れよう（5年）

きっかけ発問	誘発発問	焦点化発問	再構成（再考性）発問
想像力のスイッチを使いたくなりましたか？	4つの想像力のどのスイッチを使いたいですか？	⑯段落にある「小さい景色」と「大きな景色」で筆者が比べていることとは？	私の想像力のスイッチ活用術をまとめると？

単元　鳥獣戯画を読む（6年）

きっかけ発問	誘発発問	焦点化発問	再構成（再考性）発問
「鳥獣戯画」を「読む」と「見る」ではどんな違いがありますか？	筆者が「鳥獣戯画」を評価していることが分かる文を集めよう	「鳥獣戯画」から絵で物語る日本文化へと視点を変えた⑧段落は必要だろうか？	「○○を読む」のテーマで評論文にまとめると？

column

「先生、書き順が違います！」〜昔の筆順と今の筆順〜

十数年前、私が1年生を担任していた時のことです。新出漢字の学習をしていました。忘れもしません。「上」の字でした。黒板を使って、「このように書くのですよ」と筆順を説明した、そのときです。

「先生、書き順が違います！」

ある子がいうのです。

「えっ、そうだっけ？」

焦りました。漢字を習いたての一年生から指摘されたからです。その場ですぐ教科書を確かめてみました。確かに、筆順が違うのです。

「本当だ。確かに書き順が違うね。教えてくれてありがとう。」

と教えてくれた子どもに感謝の意を伝え、あらためて「上」の字の筆順を確かめ、練習しました。

内心、このように思っていました。「あれ!?上の字って、こんな筆順だった？私が1年生の時、学校で習ったのとは違う気がするけれど」。

モヤモヤとした気持ちがおさまらなかった私は、当たり前のように漢字で学習している筆順について、もう一度、調べてみました。

例えば「上」。あなたは一画目をどこから書きますか? この書き順であなたのおおよその年齢が分かると聞いたら、ドキッとしませんか。

調べて分かったのですが、年代によって、筆順は大きく2つに分かれるようです。20代以下は一画目を縦線から、30代以上は一画目を横線から書くことが多いようです。

いやいや、そんなことはないよ。偶然でしょと疑っている方もいると思います。

では、次の「必」はどうでしょう。

20代以下は中心から外に順番に書いていきます。まず中心から書き、バランスを整えていく書き方です。

一方、30代以上はまず「心」という漢字を書いてから最後に「はらい」を書いていきます。当時、「必の字は心に襷をかける」と教えられた方もいるのではないでしょうか。

この他にも、点・店・感・盛・発・祭などが年代によって筆順が異なるようです。

そこで1つ、疑問が浮かび上がってきます。「年代によって、筆順が違うのはなぜか」ということです。

先に例として挙げた「上」は「書き易さ」という点から、以前は一画目を横線から書く筆順が主流となっていました。

現在の一画目を縦線から書く筆順は1958年に当時の文部省から、より整った文字を書くことを目的として定めた「筆順指導の手びき」に示された比較的新しい筆順です。

しかし、この筆順の基準書である「筆順指導の手びき」には当時、強制力がなく、それほど浸透しなかったために、現在30代以上の方の多くは当時の主流であった一画目を横線から書く筆順を教わるということがあったのです。

平成以降になって、この「筆順指導の手びき」をもとにした指導が徐々に浸透していったことにより、次第に筆順は統一されていきました。

基本的な筆順のきまりは、「上から下へ」、「左から右へ」と書くように成り立っています。

字を書くことと教室環境には大きな関係があります。

教室のつくりを思い出してみてください。学級が変わっても、学校が変わっても、常に教室の窓は、黒板に向かって左側にありませんでしたか?「確かに言われてみれば」と思った方も少なくないと思います。

右利きに限りますが、黒板に向かって左側に窓があり、左側から日光が入ることで、字を書くときに自分の手で字が陰で隠れることがないからです。

日々、子どもたちとやりとりしていると、ドキッとあらためて考えさせられるようなことってあります。

そして、そんな背景があったのかと、じわじわくるおもしろさに「言われてみれば!」となぜか納得してしまいます。本当に不思議です。

おわりに

ある大先輩が私に話してくれたことがあります。それは、

教科を通して「人」を育てる

ということ。

コラムでも登場した、この大先輩は、筑波大学附属小学校で副校長まで務められた、算数科の田中博史先生です。国語科である私にまで声をかけてくださっては、子どものこと、学級のこと、授業のことと、たくさんお話をしてくださいました。私の手帳には、田中先生から教えていただいたメモがびっしりと残されています。

そして、いつの日からか、田中先生と算数科の森本隆史先生、そして、私の三人の学習会を毎月のように開いてくださいました。

とても贅沢な会でした。

はじめは赴任間もない私たちのために、小さな学習会として、続けてくださったものでしたが、これまでに積み重ねてきたことを土台として、書籍の刊行という運びにまでなりました。

この小さな学習会で、いつも思っていたことは、子どもや学級、授業について語り合うことのおもしろさです。教科は違っても、そこからワクワクするような次の授業のヒントが見えてきて、だったら、今度はこんなやり方で授業してみようかなと子どもたちの思考の流れを思い描くことができるのです。

そして今、田中先生の「志」を引き継ぎ、新たなものを生み出して提案していこうと決意し、今回、本書の刊行へと至りました。

終わりになりましたが、あまりの遅々とした歩みとなっても、この本の発刊に価値を見出してくださり、粘り強く声をかけ続けてくださった東洋館出版社の西田亜希子様には心から、心から、本当に感謝申し上げます。

（白坂　洋一）

【著者紹介】
白坂　洋一（しらさか・よういち）

筑波大学附属小学校国語科教諭。
1977年鹿児島県生まれ。鹿児島県公立小学校教諭を経て、2016年より現職。学校図書国語教科書編集委員。『例解学習漢字辞典』（小学館）編集委員。全国国語授業研究会理事。「子どもの論理」で創る国語授業研究会会長。著書に『「子どもの論理」で創る国語の授業―読むこと―』（明治図書／2018年）、『「子どもの論理」で創る国語の授業―書くこと―』（明治図書／2020年）『子どもを読書好きにするために親ができること』（小学館／2020年）他多数。

子どもの思考が動き出す
国語授業4つの発問

2021（令和3）年3月12日　初版第1刷発行

著　者：白坂　洋一
発行者：錦織　圭之介
発行所：株式会社　東洋館出版社
〒113-0021　東京都文京区本駒込5丁目16番7号
営業部　電話03-3823-9206　FAX03-3823-9208
編集部　電話03-3823-9207　FAX03-3823-9209
振替　00180-7-96823
URL　http://www.toyokan.co.jp
イラスト：パント大吉
装　幀：喜來詩織（エントツ）
本文デザイン・組版：株式会社明昌堂
印刷製本：岩岡印刷株式会社

ISBN 978-4-491-04034-9／Printed in Japan